·成都风土人文丛书·

武侯街巷

成都市武侯区地方志编纂委员会办公室 编

成都时代出版社
CHENGDU TIMES PRESS

图书在版编目（CIP）数据

武侯街巷 / 成都市武侯区地方志编纂委员会办公室
编.－－成都：成都时代出版社，2021.3
ISBN 978-7-5464-2782-9

Ⅰ.①武… Ⅱ.①成… Ⅲ.①城市道路－介绍－武侯
区 Ⅳ.①K927.14

中国版本图书馆 CIP 数据核字（2021）第 034711 号

武侯街巷
WUHOU JIEXIANG

成都市武侯区地方志编纂委员会办公室　编

出 品 人　李若锋
责任编辑　蒋雪梅
责任校对　李 航
装帧设计　圣立文化
责任印制　张 露

出版发行　　成都时代出版社
电　　话　(028) 86742352（编辑部）
　　　　　　(028) 86615250（发行部）
网　　址　www.chengdusd.com
印　　刷　四川立杨彩色印务有限公司
规　　格　155mm × 230mm
印　　张　13
字　　数　200 千
版　　次　2021 年 3 月第 1 版
印　　次　2021 年 3 月第 1 次印刷
书　　号　ISBN 978-7-5464-2782-9
定　　价　56.00 元

"成都风土人文丛书"题词

风土是一幅古典具象派油画
人文是用精神谱写的乐章
风土人文构成了生动的声画
风土让土地打上地域特色
人文让精神打上地域特色
地域赋予风土人文以生命
流动着地域特色的乐章
与体现地域特色的画面
不正是这个城市的性格吗
在这里，在声与画的交融中
我们可以看到每一个细节
我们可以听到悦耳的音符
我们似乎发现了我们的来历
我们似乎找到了我们的密码
于是有了成都风土人文丛书

附：汉语大词典关于风土和人文的解释

一、风土

1. 本指一方的气候和土地。

《国语·周语上》："是日也，瞽帅、音官以（省）风土。廪于籍东南，钟而藏之，而时布之于农。"韦昭注："风土，以音律省风土，风气和则土气养也。"

2. 泛指风俗习惯和地理环境。

《后汉书·张堪传》："帝尝召见诸郡计吏，问其风土及前后守令能否。"

3. 被风吹起的尘土。

北魏贾思勰《齐民要术·造神曲并酒等》："〔全饼曲〕可三日晒，然后细锉，布帊，盛高屋厨上，晒经一日，莫使风土秽污。"

二、人文

1. 指礼乐教化。

《易·贲》："观乎天文以察时变，观乎人文以化成天下。"孔颖达疏："言圣人观察人文，则诗书礼乐之谓，当法此教而化成天下也。"

2. 泛指各种文化现象。

孙中山《民权初步自序》："会此世运进化之时，人文发达之际，犹未能先我东邻而改造一富强之国家者，其故何也？"

3. 人事。指人世间事。

《后汉书·公孙瓒传论》："舍诸天运，征乎人文，则古之休烈，何远之有！"李贤注："人文犹人事也。"

4. 习俗，人情。

郭沫若《我的童年》第一篇："大约就是因为山水比较清秀的缘故吧，一般的人文风尚比起邻近的村镇也觉稍有不同。"

由此，特别是从两个词汇的第一条也即原始本意解释看，风土侧重外在与客观，人文侧重内在与主观。

高志刚

2017年9月17日

前　言

　　街巷是城市建设和发展的基本单元，街巷的变迁史就是一部浓缩的城市发展史。春秋战国时期，为方便城镇建设和管理，里坊制初步确立，坊间道路称"街"，坊内道路称"巷"。至隋唐时期，随着城镇面积大幅增加，坊内又出现支路，称之为"曲"。北宋末期，封闭规整的里坊制渐被热闹繁华的街巷制所取代。街巷制沿用里坊制城镇的方格网街道，并将坊内以东西向为主的巷、曲均改为"巷"。此后，"街""巷"作为城镇道路名称沿用至今。

　　作为城市的基本构成元素，随着时间的流逝，原本仅仅满足人们日常出行需求的街巷，逐渐积淀一方乡土历史记忆，成为一座城最为细腻、广阔而深厚的文化承载。如今，随着城市现代化发展进程的加快，不少街巷承载的乡愁逐渐被人们尤其是年轻一代所淡漠、遗忘。街巷记忆，就是整理"街""巷"信息及其所承载的历史文化，以传承城市历史文化、留存城市根脉记忆。

　　武侯区作为首批"国家历史文化名城"——成都的中心城区之一，历史文化底蕴深厚。成都武侯祠是全国唯一的君臣合祀祠庙、最负盛名的蜀汉英雄纪念地和全世界影响最大的三国遗迹博物馆；望江楼公园取名于"既丽且崇，实号成都"的崇丽阁（俗称望江楼）以及濯锦楼、吟诗楼等纪念唐代著名女诗人薛涛的文物遗迹，曾为蜀中学子的文运盛地；抗战时期华西坝上"五大学"联合办学，在中国教育史上留下光辉一页，中西合璧的华西坝早期建筑群见证了西南地区医学中心的百年风云和辉煌。在全区现有的六百多条街巷中，不乏许多承载着厚重历史的特色街巷，如因武侯祠而命名的武侯祠大街，因制革业而被人熟知的浆洗街，因中国西部现代医学发展之源——华西协合大学命名的大学路等。在历史长河中，还有部分街巷已经随着岁月的流逝而消失，仅存其名，如相传是三国蜀军养马场的曹营坝；因清康熙年间建有法云庵的法云庵路等。

　　街巷是城市历史文化的独特存在，无论是现存的，还是已消失的，都印刻着武侯历史文化的特殊记忆。本书将辖区内的街巷按特色街巷、消失街巷和其他街巷分类，系统挖掘和整理特色街巷和消失街巷背后的历史变迁与趣闻轶事，以及一般街巷的基本信息，并以文图结合的形式记录下来，化武侯城市脉络间的历史碎片为统一，延续天府文化的根脉和记忆，向读者提供一张认识老成都和武侯区的历史文化名片，为武侯区建设践行新发展理念的公园城市示范区提供街巷历史文化参考。

目　录
contents

武侯区简介

　　武侯区位于成都市城区西南部（基本在四环路内），土地面积75.36平方千米，东与锦江区隔河相望，南与高新区、双流区相连，西与双流区接壤，北与青羊区毗邻。地理坐标介于北纬30°34′31″～30°39′49″，东经103°56′45″～104°05′33″。东西长约13千米，南北宽约10千米。

　　武侯区于1990年9月成都市区划调整时设立，1991年1月1日起正式对外办公，辖小天竺、致民路、望江路、浆洗街、跳伞塔、玉林等6个城区街道办事处和桂溪、石羊场、永丰、簇桥等4个乡（分别增挂三瓦窑街道办事处、石羊场街道办事处、永丰场街道办事处、簇桥街道办事处牌子）。1994年4月，设立肖家河街道办事处。1995年6月，设立芳草街街道办事处。1996年5月，经四川省人民政府批准，高新区从武侯区划出，石羊场乡（含石羊场街道办事处）、桂溪乡（含三瓦窑街道办事处）、肖家河街道办事处和芳草街街道办事处划归高新区；另设立火车南站街道办事处，管辖原桂溪乡铁路以北、二环路以南区域；同时，双流县行政区划调整后的金花镇和机投镇划归武侯区管辖。1997年6月，设立双楠街道办事处。1999年1月，分别在金花镇和机投镇设立金花桥街道办事处、机投桥街道办事处。2000年12月，设立晋阳街道办事处。2002年6月，永丰场街道办事处更名为红牌楼街道办事处。2004年8月，经四川省人民政府批准，撤销永丰乡、簇桥乡、机投镇和金花镇的乡镇建制，实行单一的街道办事处管理体制。2007年3月，经成都市人民政府批准，撤销小天竺、致民路两个街道办事处，将其管辖区域划归望江路、跳伞塔、玉林等3个街道办事处管辖；将原簇桥街道办事处管辖区域一分为三，分别由簇桥街道办事处和新设立的簇锦街道办事处、华兴街道办事处管辖。2019年12月，街道行政区划调整，撤销跳伞塔街道办事处，其管辖区域划归玉林街道；撤销双楠街道办事处，其管辖区域划归浆洗街街道。2020年末，武侯区辖浆洗街、望江路、火车南站、玉林、红牌楼、晋阳、机投桥、簇锦、华兴、簇桥、金花桥等11个街道，71个社区。

建区以来，自修筑武侯大道始，从机耕道到大马路，再从大马路到柏油路、高架路、地铁、高铁，武侯区道路里程从伊始18.9千米到今天561.9千米，路网密度达7.39千米/每平方千米，路网纵横全区。2020年末，武侯区已形成"七纵"（科华路、人民南路、浆洗街、川藏路—机场高速第二通道、武侯大道、武科路、晋阳路—永康路）"七横"（一环路、二环路、中环路、三环路、武青路、智远大道和四环路）的骨架道路网络，地铁1号线、3号线、5号线、7号线、8号线、9号线、10号线、17号线以及成绵乐客运专线、成昆铁路、成蒲铁路穿越辖区，有火车与地铁共存的成都南站和西南最大的旅游汽车站——成都旅游集散中心，形成连接区内外、四通八达的交通网络。

浆洗街街道

　　浆洗街街道辖区东以浆洗街、洗面桥街东侧路缘石为界；南以高升桥东路北侧、一环路南四段北侧路缘石为界；西以二环路西一段、南四段东侧路缘石为界；北以武侯区与青羊区区界为界，辖区面积5.45平方千米。浆洗街街道成立于1953年，原辖蜀汉街、洗面桥、洗面桥横街、大石东路、凉水井街等5个社区。浆洗街辖区历史上为清代中叶兴起的制革专业街坊，因"浆洗"是古代作坊制革的必经工序，故得街名为浆洗街。1953年，浆洗街街道办事处成立，属成都市望江区管辖；1955年11月，划归东城区管辖；1958年2月，划归西城区管辖；1990年底，划归武侯区管辖。2007年区划调整，高升桥东路社区划归双楠街道管辖，浆洗街社区划归玉林街道管辖。2019年12月30日，浆洗街街道与双楠街道合并，双楠街道所辖区域全部并入浆洗街街道。2020年末，辖双楠、七道堰、广福桥、楠欣、百花、少陵、蜀汉街、洗面桥、锦里9个社区。

　　浆洗街辖区属老城区，老街旧巷较多，街巷狭窄，房屋低矮。建区以后，武侯区加快旧城改造步伐，辖区面貌迅速改变。1996年，市政府启动浆洗街道路改扩建工程，1998年6月全面竣工。扩建后浆洗街北与老南门高架桥相连，南跨衣冠庙跨线桥、永丰立交桥通往成雅高速公路和机场路，宽40米，路长1290米，设有6个车道，快慢车道之间以绿化带相隔，地下铺埋污水管道及通信电缆设施。原浆洗街两侧的破旧民房相继被成都高速大厦、亿年大厦、国嘉南苑等高层建筑所代替。2005年5—9月，区政府对武侯祠大街北起南河桥、南至一环路

武侯祠大街

高升桥全长1700余米的道路进行景观改造，总投资3200余万元，以武侯祠博物馆为中心，以三国文化为特色，将街道两侧建筑按仿古建筑打造，配以长长的朱柱廊道，墙面用暗红、白色为主调，坡屋面以灰黑瓦为顶，与武侯祠的古柏红墙、照壁庙宇、花墙甬道浑然一体。闻名中外的成都武侯祠博物馆，以及融三国文化与川西民俗文化于一体的锦里民俗街坐落其间。辖区内还有以经营藏传佛教用品为主的武侯祠横街、洗面桥横街两条特色街区，是成都市少数民族聚居最集中的片区。

特色街巷

浆洗街

浆洗街，起于南门大桥，止于洗面桥街。长800米，宽14米。从清代中叶开始，成都皮革手工业者多在此聚居，因硝制皮革中有"浆洗"工序而得名。

20世纪40年代，成都市有制革厂、作坊300余家，其中浆洗街至洗面桥就有制革作坊上百家，是成都制革集中地。当时大多以硝制牛皮为主，工艺原始，全部手工操作。若以干牛皮为原料，须先用清水浸泡，后用刀刮平，再下石灰坑；若用鲜皮制革，则将刚剥下的牛皮，直接下石灰坑。坑内放有熟石灰与硝，牛皮在混合了石灰和硝的坑中浸泡几天后，生硬的皮革变得柔软，这就是硝制的工序，也称"浆洗"。然后将牛皮从石灰坑中捞出，用三指宽的铁刨刀将其刨薄，再用红矾、苏打、硫酸等化学原料加以处理，最终染成所需的各种颜色，加工成为成品革。

浆洗街临近锦江，取水方便，也是制革作坊在此集中的原因之一。当时在浆洗街，有许多加工皮革的个体家庭作坊，自产自销，小本经营。随处可见铺面后院和小巷内

浆洗街

浆洗街

农户的院坝上，竖立着许多大木板，上面钉着一张张的"绷板"牛面革，晾晒棚下的竹架上排列张挂着"吊皮"牛面革和牛底革。大圆形水桶和长方形地坑内则浸泡着皮革，院坝边地上还堆放着石灰块、泡缸及整理面革的长形平木板和"刮软"架等工具。浆洗街生产有牛正面、牛反面、羊正面、羊反面、牛底革以及"白硝"底革等各类用于皮鞋、皮件、布鞋底等产品的皮革用材。抗日战争时期，大量人口汇聚成都，促进了制革业的繁荣发展，因价格低廉，皮革供不应求，甚至远销省外。这里生产的浅粉红色、切口色调一致的栲胶牛底革颇有声誉，耐磨的"青杠牛底皮革"和羊反面革等更是远销陕西、甘肃、云南等地。因各种制革化学品原料受战争影响来源减少，市场需求反而增大，制革厂也急剧增多，但技术较为落后，生产的皮革以低档次革品为主，不能制作优良的上等底革及轮带革。

20世纪50年代，制革生产小作坊成立了较具规模的"皮革生产合作社"。改革开放后，浆洗街上开始出现经营制鞋所需各种主辅原材料的商店，货源来自省内外厂家，品种丰富、规格齐全。浆洗街从过去的零散皮革交易场地逐渐成为著名的皮革市场。由于货源充足、人气商气两旺，浆洗街成为了皮革经销的黄金口岸，约200家皮革经营商家沿街为市，发展成为全国闻名的"皮革一条街"。同时，在专业市场的带动下，近水楼台的永丰乡，个体私营鞋厂如雨后春笋般发展起来，逐渐成为成都著名的鞋业之乡。

20世纪90年代，浆洗街进行扩建改造，皮革经营商家全部迁走，"皮革一条街"不复存在。浆洗街经拆迁改造而脱胎换骨，面貌一新，旧时的制革及经营痕迹荡然无存。浆洗街虽已"名不副实"，但因它而发轫的武侯鞋业却从永丰乡发展到簇桥、金花等乡镇，并推动武侯区迅速发展成为中国女鞋之都。

改革开放后，浆洗街因皮革市场火爆，交通堵塞，城市管理难等问题日趋严重，市政府结合府南河综合整治工程，决定拓宽改造从老南门大桥至衣冠庙立交桥路段。从1995年起，浆洗街被纳入市政府旧城改造的实施范围。共有8家拆迁单位同时进场进行拆迁，近5千户3万多居民分别被拆迁安置至双楠、石人等小区。拓宽改造后的浆洗街宽40余米，设6车道，快慢车道之间以绿化带相隔。2004年，南大街至浆洗街兴建了一条横跨锦江的跨线桥，标志着浆洗街成为成都老南门一条重要的通衢大道。原浆洗街两侧破旧民房拆除后，亿年大厦、国嘉南苑、百丽大厦等高层建筑拔地而起，浆洗街之旧貌无存。

武侯祠大街

武侯祠大街，起于一环路南四段，止于浆洗街，长1823米，宽21米，建成于1981年。武侯祠大街，顾名思义，因有成都武侯祠而得名。

武侯祠，也称孔明庙、诸葛祠，是纪念诸葛亮的专祠，但成都武侯祠与其他专祠不同的是，它的范围内还包含了刘备的惠陵、汉昭烈庙、三义庙等。虽有

武侯祠

这些庙堂，但仍以武侯祠为名，可见百姓对诸葛亮这位"鞠躬尽瘁死而后已"的蜀汉丞相敬重之深。

据《三国志·先主传》记载，章武三年（223年）八月，刘备葬于成都惠陵。诸葛亮去世29年后（263年），后主刘禅"诏为亮立庙于沔阳"。沔阳即今陕西省勉县，说明在三国时，祭祀诸葛亮的庙宇在陕西勉县。

成都何时有武侯祠？正史未有记载。宋祝穆《方舆胜览》载，武侯庙"在府西北二里今为乘烟观……李雄称王始为庙于少城内，桓温平蜀，夷少城，独存孔明庙"。由此可知，李雄于公元304年在成都称王，则所建孔明庙的时间应在西晋末东晋初，位置在当时的少城内。公元760年，杜甫曾春游武侯祠，留下流传千年的名句"丞相祠堂何处寻，锦官城外柏森森"。数年之后诗人又在夔州作《古柏行》回忆道："忆昨路绕锦亭东，先主武侯同閟宫。"由此得知，在唐代，武侯祠已位于锦官城外，且与先主刘备的汉昭烈庙相邻。明初，蜀献王朱椿对武侯祠、昭烈庙进行了全面的修缮和整合，将原来武侯祠的诸葛亮像移入汉昭烈庙，由原来毗邻的一祠、一庙，变成了君臣合祀的格局。康熙年间，清政府恢复重建成都时对武侯祠进行调整，形成如今基本格局。现存祠庙主体建筑为清康熙十一年（1672年）修复，坐北朝南，排列在一条中轴线上，占地面积约3.7万平方米，总建筑面积约1.25万平方米。武侯祠中轴线上依次分布着大门、二门、刘备殿、过厅、诸葛亮殿五重建筑，另有桂荷楼、船舫、桂荷池、听鹂苑等附属建筑位于西侧。文臣廊、武将廊位于二门与刘备殿之间两侧，东面为文臣廊，西面为武将廊，建筑面积约600平方米。东廊、西廊造像各14尊。碑刻50余通，尤以唐《蜀丞相诸葛武侯祠堂碑》最为知名，人称"三绝碑"。武侯祠内供奉着刘备、诸葛亮、关羽、张飞等蜀汉人物塑像50尊，有匾额楹联70余块（副），其中清代赵藩撰书的"能攻心则反侧自消，从古知兵非好战；不审势即宽严皆误，后来治蜀要深思"四海闻名。馆内还藏有蜀汉"直百五铢钱"等文物及字画近千件，三国典籍上万册。

武侯祠有上千年的历史，然而武侯祠大街的历史却很短。这条街是由南郊路、老车站街、新车站街、澄清街、川藏路初始段（武侯祠大门至高升桥）等几段道路逐步演变形成。1968年，这几段路连同原桥南正街、原浆洗上街的一小段曾被更名为解放路南路。1981年，解放南路中的原南郊路、老车站街、新车站街、澄清街和川藏路初始段四街一路段合并被命名为武侯祠大街。20世纪90年代起，武侯祠大街两侧改建为仿古建筑，并在街口修建了标志性建筑——仿汉阙立柱，逐渐有了今天独具特色的雏形。2012年，武侯区对武侯祠大街实施外立面整治，通过对其背景文脉的梳理，将街道按"千秋序曲""蜀汉礼仪""万里古道"三个部分进行打造，使其风貌与区域历史文化相辅相成，贯通古今。"千秋序曲"指南河桥（俗称彩虹桥）至太成宾馆段，为明清民居风格与现代建设融合，翼角起翘、花格窗最为独特，于细微处体现出川西地区的人文气息与地域特色，显得质朴又有亲和力；"蜀汉礼仪"指太成宾馆至钦善斋路段，建筑风格为西蜀地域特色，以蜀汉礼仪为主线，通过雕塑、壁画等建筑元素串联故事，形象展现蜀国当时的繁荣景象；"万里古道"是指钦善斋至高升桥一段，是川藏公路起点段，建筑风格以西蜀建筑为主，融合各民族各时期建筑风格，包罗万象，青灰、冷灰、朱红、暗红、浅黄等色彩的运用，更使得这一段显得丰富而多元。

与武侯祠相关的街巷还有武侯祠东街、武侯祠横街。

高升桥路

高升桥路，起于武侯祠大街，止于二环路西一段，长1160米，宽40米，1998年命名，因高升桥而得名。民国《华阳县志》记载："高升桥，清康熙时创修，乾隆二十五年（1760年）补修，嘉庆十七年（1812年）重修，民国十二年（1923年）培修。"

高升桥最早只是横架在城南郊外一条宽宽的无名河上的简易木桥，后被洪水冲毁，行人多有不便，于是附近民众便集资建成了一座三孔石拱桥。石桥建成之后，在给桥起名之时，众说纷纭，莫衷一是。正好石桥离武侯祠很近，大家觉得也许有贵人在游览武侯祠，便派人去请贵人来给此桥取名。果然，派去的人在武侯祠遇到了准备动身赶赴临邛（今四川省邛崃市）上任的官员杨大人。杨大人听说此事，心想自己原本赴任也要经过此桥，何不做个顺水人情，便点头应允。

　　当杨大人走到桥前，见桥梁高拱，气势恢宏，突然有了灵感，联想到自己一介寒儒，勤奋读书，幸得朝廷赏识，如今平步青云，即将走马上任，希望今后能够官运亨通，禄位高升，何不给桥取一个具有这方面象征意义的名字？于是他乘兴踱着方步，一边踩桥一边念道：

　　　　武侯祠堂柏森森，临近河溪水沉沉。
　　　　石桥飞架成通途，本官赐名为高升。

　　从此，石桥得名"高升桥"。"高升"一词取步步高升之意，寓意美好，此名一直沿用至今。

高升桥路（王欢　摄）

关于高升桥的名称还有另一个来历。传说，成都有个秀才在一座桥上遇见了一位姑娘，被姑娘的美貌所吸引。但细思自己只是一个穷秀才，就没有了追求这位姑娘的勇气。其实，他哪里知道，这位姑娘也对他一见钟情。只不过碍于有旁人在场，不好表露。此后，秀才每天都去这座桥上游走，而姑娘也每天会准时出现。终于有一天，这件事被姑娘的父母知道了，但在传统礼教的驱使下父母禁止两人继续来往。但是姑娘每天思念秀才而越发憔悴，姑娘的父母于心不忍，便派人告诉秀才："如果你能高中状元，步步高升，我们就把女儿许配给你。"从此，秀才不管寒冬酷暑，都坚持不懈地勤学苦读。终于，功夫不负有心人，秀才如愿高中状元，也顺利娶到了姑娘。后来人们有感于两人对美好爱情的向往和追求，便把当初他们相识的这座桥改名为"高升桥"。

高升桥后来经多次维修，到民国初期成为一洞石拱桥。横架在小河上的高升桥与马路形成剪刀形，桥面陡峭，上桥时须向左急转，行完陡峭的桥面后下桥时又要向右急转，因此高升桥被来往车辆视为险途，上桥下桥都要格外小心。1953年，人民政府修筑川藏公路时，石桥被拆除，但该桥所处地至今仍叫"高升桥"。1989年，高升桥被确认为川藏公路的起点。因为高升桥路处在市区繁华地段，一直以来人流拥堵。2011年，成都市修建了长1073米、宽16.5米的一环路高升桥跨线桥，跨越燃灯寺东街、七道堰街、高升桥路、武侯祠大街、蜀汉街、高升桥东路、武侯祠横街等7个路口，形成一个横跨半空的快速通道，解决了高升桥周围路段长期拥堵不堪的问题。正可谓"古有石拱桥连通，今修跨线桥飞架"，再次应了高升桥"成通途"这一得名缘由。

与高升桥相关的街道还有高升桥东路、高升桥南街、高升桥北街。

洗面桥街

洗面桥街，起于浆洗街，止于永丰路，长800米，宽15米。此街得名于街旁曾被称为"瓦子堰"的小河上一座名为"洗面桥"的石板桥。

清乾隆十五年（1750年）洗面桥被重修，1924年再次修补。至于这座石板桥何以被冠名"洗面"，相传源于刘备祭奠关羽的故事。当年关羽大意失荆州败走麦城（今湖北省当阳市两河镇境内），在当阳被东吴所害，身首异处。刘备只能将关羽的衣冠迎回成都，在成都南郊为关羽修建衣冠

洗面桥街

庙和衣冠冢以示纪念。每逢节日，刘备率领部众前去衣冠庙祭扫时，总要在这里下马，于桥下洗面整冠以敬亡者，洗面桥因此而得名。

洗面桥的名称来历还有另一个民间传说：清代一位成都知府出巡至此，看见桥侧有一群乞丐，蓬头垢面，肮脏不堪，实在有碍观瞻，即传话命令这些乞丐到桥下河边洗净脸面，否则不准入城乞讨。从此以后，乞丐们常在这座桥下洗脸后再入城，人们便将这座小桥称作洗面桥。

1926年，国民党将领青翰南在成都南门外洗面桥附近开办机械厂，并建成了成都历史上第一座水电站。水电站利用水轮机带动一台10千瓦电机发电，所发电除供机械厂电灯照明外，还供附近数十户居民家庭照明。抗日战争期间，在如今的洗面桥街西侧修建有新蓉村，村内有原四川省银行的办公处、宿舍及私立救业中学。

旧时，洗面桥街还以制革业闻名。20世纪40年代，浆洗街至洗面桥街一带是成都地区制革业集中地，有上百家大大小小的制革作坊。1996年，位于洗面桥街的西南皮革城建成开业。但由于同年政府开始实施浆洗街改扩建工程，加上制革、制鞋业逐渐向三环路外的簇桥、金花等地转移，西南皮革城经营未达到预期成效。1998年，商城更名为博美装饰城，转型为建材装饰市场。2001年，武侯区政府在浆洗街与洗面桥横街交会路口修建了洗面桥小游园，设置舞台、桌椅供市民休闲。游园内的洗面桥蜀汉文化广场，有刘备及其战马的塑像与展示三国故事的青石浮雕艺术墙。雕塑、浮雕及广场内的仿制石桥形成一个整体，共同讲述着洗面桥的由来，以及发生在万里桥、武侯祠、洗面桥、衣冠庙其间的历史故事，为人们的现代生活增添一丝历史文化韵味。

与洗面桥相关的街道还有洗面桥巷和洗面桥横街。

大石东路

大石东路，为武侯区与青羊区区界，起于锦里西路，止于一环路，长1200米，宽25米。

民国时期，成都流传着一首介绍成都城的民谣："清早起来不新鲜，心想成都耍几天。一进东门天涯石，二出南门五块砖……"这里所说的"五块砖"就是五块石，即

大石东路

五块大石头。四川省文史研究馆编撰的《成都城坊古迹考》记载："五块石位于成都南门外之西，青羊宫之东南，武侯祠之西北。"查看民国时期所绘的地图，也可以看出五块石的位置，就在如今的大石东路一带。

这五块大石头在老成都人的心中是作为神物来尊崇的，根本原因之一就是"海眼"的传说。相传远古的成都是一片汪洋大海，古蜀王柏灌听说南海菩萨有"净土"能够填海，于是不远万里赴南海，向菩萨求借净土。南海菩萨念其心诚，爽快答应，但要求有借有还。柏灌借得净土之后，回到家乡将净土撒入大海，只见一眨眼的工夫，沧海奇迹般地变成了桑田，从此这里的人们过上了栽桑养蚕、男耕女织的幸福安定生活。但净土已作填海之用，柏灌无法将其归还，招致南海菩萨强烈不满，南海菩萨即呼唤成都平原地底下海水从海眼里往上喷涌。眼看喷涌海水大有将成都淹没之势，危难之际，柏灌急令大力士奔赴深山运回大石，把正在喷水的海眼一个个镇住，从此成都平原才转危为安，免遭了一场灭顶之灾。有几处古籍记载都说石下有海眼。明代王士性《入蜀记》云："五块石礌砢叠缀，若累丸然，三面皆方，不测所自始。或云其下海眼也，每人启之，风雨暴至。"明代陆深《蜀都杂钞》云："五块石，在今万里桥之西，其一入地，上迭四块俱方。或云其下有一井，相传以为海眼。"明代陈子陛以此赋诗《五块石》探究"海眼之说"："四顾桑田一勺无，累累五石类浮

图。谁云此地通沧海，拾得鲛人瑟瑟珠。"清代嘉庆《四川通志·古迹》亦云："石在县南万里桥西，五石相迭，高一丈许，围倍之。相传下有海眼，昔人曾起其石，风雨暴作。""海眼"的传说，给五块石增加了不少神秘色彩。

海眼能喷出地底下的海水，而五块石位于海眼之上，自然就有了镇水的功能。其实"海眼之说"，正是成都人们心中对于古蜀先民克服艰难险阻治理水患、追求幸福平安的深刻记忆。古蜀向来有"鳖灵治水"的传说，虽然史学界质疑"鳖灵治水"的真实性，但普遍认同的是，在李冰父子治水之前，古蜀国确曾有过大规模的治水活动。成都平原古称"卑湿"之地，洪水灾害频发。直到今天，每遇夏季暴雨，岷江泛滥，靠近岷江正流的崇州、温江、双流、新津等地，仍有受灾的情况发生。古蜀先民要想在这块土地上安居乐业，必然要兴修水利，同洪水进行长期不懈的斗争。据《华阳国志·蜀志》载，李冰为蜀守时，曾"外作石犀五头以厌水精"，又"于玉女房下白沙邮作三石人，立三水中。与江神约：水竭不至足，盛不没肩"。石头在镇水中立了大功，自然就被人们赋予了神圣的色彩，从而形成了崇拜大石的文化传统。在成都，根据大石文化来命名的地名还有石笋街、支矶石街、天涯石街等。关于石笋的记载中，也可见"海眼之说"的由来。唐代《成都记》说："距石笋二三尺，夏月大雨，往往陷作土穴，泓水湛然。以竹测之，深不可及。以绳系石投其下，愈投而愈无穷，故有海眼之说。"

由于五块石离武侯祠较近，也有传说五块石是"时作陵所余也"。还有一种被广泛认同的说法，即五块石是古代蜀王墓前的标志（墓志）。《华阳国志·蜀志》云："每王薨，辄立大石，长三丈，重千钧，为墓志。"蜀王曾纳一武都女子为王妃，王妃死后蜀王"其亲埋作冢者，皆立方石以志其墓"。这也说明，古蜀有立石以志其墓的习俗，五块石可能是古蜀人的墓志遗存。

无论五块石究竟何种来历，它都是古蜀大石文化的一种标志。大石文化是古蜀人对其先祖和生存环境崇拜的文化沉淀或信仰的综合体，也是巴蜀文化的重要组成部分。五块石或是镇水神器，或是惠陵余料，或是古蜀墓志，人们赋予它历史渊源身份的同时，也寄托着自己的信仰。1938年，时任四川博物馆馆长的冯汉骥，对成都平原的大石遗迹进行过一次调查，还提到五块石的位置在城南武侯祠附近，并说五块石由五块灰色砂石垒叠而成，底部一块陷入地下，已经不可见。后来，不知何时何故，五块石消失了，让人备感惋惜。如今大石东路、大石西路、大石南路就是依据附近大石文化遗址而命名的。

广福桥街

广福桥街，起于高升桥东路，止于高升桥路，长901米，宽14米，1997年命名，因广福桥而得名。

广福桥横架在肖家河上。据民间传说，最初这一带本无河流，后来一肖姓人家购置这一带土地，建起田园，并出资修建河渠，引来清水河之水，方便农田灌溉，故名肖家河。为便于通行，红牌楼一带的士绅便集资在红牌楼与高升桥之间修建一座一洞石桥横跨肖家河。《华阳县志》记载："广福桥清乾隆五十二年（1787年）修，嘉庆十六年（1811年）重修，民国十二年（1923年）培修，原为石材平式。"桥建成后正值初夏。按照惯例，桥建成后需踩桥才能通行。踩桥为新桥修成时举行的一种仪式，踩桥前要请风水先生选一个良辰吉日举行仪式，并事先通知周边百姓集会庆祝。踩桥日恰好碰到新娘、新官或新中的举人经过，则一定要请他们来踩桥，取"新""喜"之意。踩桥之人需徒步从桥上走过，并边走边说吉祥话，迷信的人认为这样做才会大吉大利，桥也不会垮。

踩桥通行那天，天气晴朗，碧波荡漾，一大早便有许多人拥挤着

广福桥街

聚集在桥头看热闹。当事者宣布，必须待贵人来踩石桥后方可通行。临近中午，有一送亲队伍抬着花轿从城里吹吹打打向桥边走来。当事者忙迎上前去，恭恭敬敬地请新娘下轿踩桥和命名。新娘亦不推辞，在随从婢女搀扶下走出花轿，缓缓踩桥而过时轻轻说道：

四月初八阳雀叫，侬家出嫁坐花轿。

有幸应邀踩新桥，取名乃为广福桥。

当事者记下新娘的话，后请石匠刻桥名于桥头石栏上。

民间也有传说，广福桥是由一位积德行善的寡妇出资兴建的，附近的人就叫它寡妇桥，后来因为桥名不雅，而改为广福桥。其实在河北、浙江、福建等地，有多处桥名叫广福桥，民间也有关于"寡妇桥"改名"广福桥"的传说，大概都是因为两者谐音吧。

在离广福桥不远的广福桥横街，安葬着抗日英雄李家钰烈士。1937年，李家钰率部出川抗日，转战于山西、河南等抗日前线，英勇抗击日军，1944年不幸壮烈殉国。1984年，四川省政府追认李家钰将军为革命烈士。如今，李家钰墓附近建成了许多小区、超市、餐馆等，肃穆的烈士墓为这片繁华之地增添了几分庄重，它时刻提醒着人们，在安居乐业、享受幸福生活的同时，不能忘掉那段艰苦卓绝的烽火岁月和为国捐躯的英烈们。

也许是因为广福桥这个名字简单寓意美好，周围出现了以此命名的几条街巷。与广福桥相关的街道还有广福桥北街、广福桥横街、广福桥正街、广福桥西街。

建国巷

建国巷，起于武侯祠大街，止于断头路，长339米，宽6米，1981年命名，因原有建国中学而得名。

抗日战争期间，原来设在东胜街的建国中学（创办者为刘文辉）向城南迁移，在这里建了校舍。后来附近的住宅逐渐增多，形成了一条小巷，人称"建国巷"，一直到1981年地名普查时才正式命名。

建国中学创办于1930年，为一所男女同校的私立中学。1922年，国民政府颁布新学制后，成都出现兴办私立学校的热潮，私立学校相对增多。当时的成都处于各大军阀共同统治之下，不少军阀捐资兴办中学成为一种特有的风潮，其中，刘文辉创办了建国中学。男女同校是建国中学一个特色，当时受"五四"运动影响，全国各地男女同校逐渐增多，成都有9所男女同校的中学，建国中学便是其中之一。政府对大部分私立学校采取放任态度，所以私立中学的管理比较宽松，氛围比较自由。抗日战争时期，救亡运动蓬勃发展，私立学校更容易受到革命浪潮的影响，建国中学也一度成为中共地下组织的活动据点。曾打入敌人心脏军统电讯部门，为党获取重要情报，后牺牲于贵州息烽的共产党员张露萍烈士，1937年曾就读于建国中学。张露萍受同班好友车崇英之父中共川康特委领导人车耀先的影响，思想进步很快，不久加入了成都"中华民族解放先锋队"，成为抗日救亡运动的女先锋。描写中共地下党员在狱中坚持战斗，直至英勇就义，以及重庆国民党反动派疯狂镇压革命行为的著名长篇小说《红岩》作者罗广斌也曾就读建国中学。读书期间，与他家交往匪浅的中共党员马识途成为罗广斌政治上的启蒙老师，引导他走上了革命道路。刘文辉之子刘元彦也参加了中共外围地下学生进步组织"民族青年协会"，1949年中共地下组织安排刘元彦主持学校工作，在他的领导下，学校一度成为地下组织的活动站点。

成都解放之后，建国中学改名为成都市十五中学。2002年，成

位于建国巷的成都西北中学高中部

建国巷

都市十五中学改名为成都西北中学南区。西北中学于1928年在北平创建。1938年西北中学迁离北平，落户成都。四川省原副省长韩邦彦曾在该校就读初中。2013年校园周边实施立面综合整治工程，在建国巷墙体镶嵌了"1928年西北中学在北平创建的老校门""1938年学校迁离北平前的旧地址""四川省原副省长韩邦彦先生1945年1月初中第8班毕业合影照"等8幅老照片。

旧时建国巷尽头右转便是樊家堰（今已不存）。樊家堰水流平缓，清澈见底，河床、堰底均为沙石，很适合游泳，因此夏日里常有小孩们成群结队来这里玩水。樊家堰吸引人的地方除了可以玩水之外，还在于这里有一个颇富传奇色彩的人物——"水军都督"。"水军都督"长得其貌不扬，身高不高，浑身肌肉，独眼，黝黑的脸庞写满人世沧桑。都说他水性好，游泳技术高超，当过海军，还经常下水救落水者，于是人封外号"水军都督"。至于他姓甚名谁，从哪里来，几乎无人知晓。旧时，锅盔夹大头菜丝是成都一种很常见的小吃。20世纪50年代，孩子们心目中当数"水军都督"卖的锅盔夹大头菜丝最为好吃。每到盛夏时节，孩子们常常会看到"水军都督"和他摆设在樊家堰堰边的锅盔提篮架。他的锅盔一般三分钱一个，五分钱两个，红辣的大头菜丝夹在酥脆的锅盔里，味美价廉，喜欢看他跳水的人经常帮他叫卖锅盔。每天锅盔卖完后，如果兴致高，他还会给大家表演跳水。跳水的时候，他常常脱掉衣服只穿内裤，先做做扩胸运动、压压腿，深呼吸数次，然后站在桥上栏杆处，只见他昂首挺胸，双手伸展呈人字形，接着起跳后整个身体与地面平行，一个凌空飞燕式展现在空中，随后含胸收腹，头朝下、脚朝天倒插入水中，随着水花溅起，围观者阵阵叫好。还有传闻说他能潜水个把钟头，更会"踩假水"，能踩到齐腰处，同时还能跷个二郎腿坐在水面上……许多孩子游泳后，饿了就买他的锅盔吃，既出于锅盔的诱惑，也因为崇拜他传奇的人生，更想看他头顶衣裤和锅盔篮子踩水横渡南门大河的绝技。如今年过七旬的当地长者，有很多人都曾津津乐道过这一传奇。他传奇般的游泳技术和锅盔夹大头菜丝的香味、麻辣味紧密联系，成为老成都人对樊家堰最深刻的记忆。在《老成都食俗画》一书中，作家林洪德先生专门撰写"大头菜丝夹锅盔"一文，并绘图再现了"水军都督"当年河边卖锅盔的生动场景，颇能勾起亲历者的回忆。

凉水井街

凉水井街，起于染靛街，止于武侯祠大街，长130米，宽9米，建成于2006年。因当年老街之间有一口凉水井而得名。这里街面整洁，绿树参天，环境清幽，辖区著名的教育机构锦里小学便坐落在这条街附近。

著名学者李劼人在长篇小说《大波》记述："出染靛街西口向左，是一条很不像样的街，一多半是烂草房，一少半是偏偏倒倒的矮瓦房，住的是穷人，经营的是鸡毛店。这街更短，不过一两百步便是一道石拱小桥，街名叫凉水井，或许多年前有口井，现在没有了。过了石拱桥向左，是劝业道近年才开办的农事试验场。其中栽培了些新品种的蔬菜花草，还有几头费了大

锦里小学

凉水井街

事由外国运回做种的美利牧羊。以前还容游人进去参观，近来换了场长，大加整顿，四周筑起了土围墙，大门装上详式厚木板门扉，门外砖柱上还威武地悬出两块虎头粉牌写着碗口大的黑字：农场重地，闲人免进……"这里记载的凉水井街旁的城南农事试验场，隶属于四川第一所农业学堂——四川通省农业学堂。城南农事试验场建于1909年，是清末四川保路运动时"水电报"的制作和始发地，场长是保路运动中的积极分子朱国琛。在辛亥革命前夕的四川保路运动中，革命者为发动人民武装起义，将成都发生血案的消息写在木板之上，涂以桐油，投入锦江中，传遍各地，谓之"水电报"。1911年6月，清政府一意孤行，将民办的川汉铁路收归国有，并将川汉铁路主权出卖给外国列强。清政府对外丧权辱国、对内血腥镇压革命的行为引发了声势浩大的川人爱国保路运动，四川成立保路同志会，各地民众、学生等纷纷响应，一时之间，参与保路的人员竟然达到数十万人。罢市罢课、捣毁警察局等事件频发，川督赵尔丰为平息事件，诱捕保路同志会领袖蒲殿俊、罗纶等人。四川民众义愤填膺，数以万计的人前往督院请愿，强烈要求释放蒲殿俊、罗纶等人。赵尔丰气急败坏，竟下令开枪，打死数十人，并下令紧闭城门，史称"成都血案"。为联系外界举行起义，同盟会会员龙鸣剑从南门附近缒城而出，奔赴城南农事试验场与朱国琛、曹笃等商议。在试验场工人的帮助下，在数百小木块上写下"赵尔丰先捕蒲、罗，后剿四川，各地同志连起自救自保"，风干后涂以桐油防水，投入锦江。小木板顺流而下，将消息传遍川南。获知消息后，各地同志揭竿而起，这场运动最终发展成了全川人民武装大起义。四川声势浩大的保路运动，同时得到了多个省市的积极响应，推动了武昌起义的爆发。孙中山先生曾评价说："若没有四川保路同志会的起义，武昌革命或者要迟一年半载的。"

"水电报"利用了"水往低处流"这一常见的自然现象。"水电报"并非四川历史上第一次使用。早在明太祖年间，为统一西南，大明军队分东、北两路攻打四川，北路军首领傅友德感叹于蜀道之难，战胜不易，消息传递也不灵的困局，巧遇江水暴涨，傅友德令军士"乃以木牌数千，大书克阶、文、绵州日月，投汉江顺流而下，蜀守者见之，为之解体。"（引自清谷应泰《明史纪事本末》）这次水电报起到了宣传战果、鼓舞士气、瓦解敌军的作用。此后，明熹宗年间，明军在平定成都叛乱的时候也曾使用过相似办法。

染靛街

染靛街，起于通祠路，止于浆洗街。

著名学者李劼人先生所著《大波》中说："过了南门大桥——也就是万里桥，向右手一拐，是不很长的西巷子，近年来修了些高大街房，警察局制作街牌便给改了个名字，叫染靛街。"染靛街最早的名字叫西巷子，清末年间曾是染靛业集中地，后因此得名。染靛，是指用深蓝色有机染料给布料染色的一种工艺。靛，也称靛蓝，是布料染色使用的主要天然色素之一。成都是蜀锦生产和销售的集中地，在近代化学合成染料引入中国前，蜀锦一直用天然植物色素进行染色。

在成都进行大规模旧城改造之前，染靛街

染靛街

仅长246米，宽7米，沿街大多为平房店铺。街南有解放南路旅馆、城南粮管站、饲料公司、成都制锁厂等。染靛街的北边，有一个肇明饭店。饭店紧邻锦江，大门开在染靛街，大堂宽敞明亮，另一侧推窗见景，视线非常开阔，坐在此处吃饭聊天，可见流水潺潺，迎面凉风习习，别有一番趣味。这条街上还有茶铺，当时成都河水水质甚佳，因此可以直接取锦江水泡茶。《成都通览》记载："成都之水，可供饮料者，以河水为佳，因源流来自灌县内之雪山也。"成都井水含卤质和其他杂质较多，生活比较讲究的人家也常请人从河边挑水来用，因而有一些人专门以挑水为生，被称为"挑水夫"。

染靛街上最有名的风景当属临水而建的吊脚楼。吊脚楼前面临街，后面临河，有小部分建筑伸向河面，临河堡坎，用条石垒砌加固，伸入河中的部分使用木柱或砖石柱子支撑，上面铺设木板，以增加房屋面积。这样的"近水楼台"多被设为旅店客房或酒馆、茶馆，客人坐在楼上可欣赏河中景色，品茗饮酒。

改革开放之后，染靛街曾被辟为农贸市场。20世纪90年代，原倒桑树街被一分为二，其西段依旧叫倒桑树街，其东段则与毗邻的染靛街合二为一。不久，成都市实施府南河综合整治，同步开展染靛街的全新打造，老街上所有的陈旧民房全被拆除，沿河的吊脚楼亦随之消失。

2004年，武侯区政府在染靛街南侧、武侯祠大街北侧建成集酒吧、餐饮、特色商业、临河观景等于一体的滨河文化区——耍都。耍都总面积3万余平方米，建筑风格极具古西蜀特色，有时尚的中国牌坊、神秘的图腾戏楼、古朴的中式庭

耍都美食广场夜景

堂。耍都内美食荟萃，还常有文娱杂耍、绝技表演等，吸引了络绎不绝的游客。"悠悠天下事，耍字大文章。成都一笑百媚生，天下耍客皆回眸……春江花月处，无耍不成都！"这篇刻在耍都巨石上的《耍都赋》，生动有趣地刻画出一幅成都的休闲文化全景图。

2006年，染靛街扩建工程完工，扩建后的街道宽12米，长490米。

通祠路

通祠路

通祠路，起于武侯祠大街，止于南浦中路，长417米，宽14米。建成于1995年，1997年命名。

20世纪90年代中期，成都实施畅通工程，在辟建东城根街南延线"文翁路"和新建"南河桥"（俗称彩虹桥）的同时，在南河桥至武侯祠大街之间又开辟了一条宽阔的街道，即后来命名的通祠路。在通祠路建成之前，这里有一条僻静破烂的小巷子连通武侯祠，人称杀牛巷，通祠路是在原杀牛巷的基础上经拓宽改建形成。

通祠路建成不久，政府相关部门在路北西侧、南河桥（彩虹桥）畔精心打造了一个市民十分喜爱的小游园，取名"卧龙园"。园中佳木葱茏，石山、石鼓、水池、廊房、卧龙亭，风貌迥异。刻有三十六计故事的圆形大小石缸20余个，星星点点，散落其间，简单而自然，

卧龙园

却给人以美的享受。四川省历史学会会长、四川省社科院研究员谭继和先生撰有楹联"治蜀善深思诸葛济世才由兹进步，见惑能快断锦里繁华梦自此入门"，横批"通祠第一景"，由著名书法家刘奇晋先生书，镌刻在园内廊房入口上方的硬木条板上，十分醒目，不时有市民和游客驻足于此品味、深思、遐想。

倒桑树街

倒桑树街，起于南浦西路，止于通祠路，长618米，宽9米。清末，此处住户稀少，大家多以种桑养蚕为主，路上有一株老桑树，长相特殊，倾斜弯曲如倒长，住户增多形成街道后，人们习称此街为"倒桑树街"。

倒桑树街南端曾有一座净土寺，据嘉庆《华阳县志》记载："净土寺，治南城外里许，康熙十一年（1672年），按察使宋可发修武侯祠，移置如来铁像于此，因重建。"后寺损毁。1909年，四川劝工总局在净土寺旧址开办了四川实业机械厂，是成都历史上仅晚于天成机器厂的民用机器制造厂，主要生产榨油机、圆盘印刷机、压面机、压路机、织布机等，还生产小型的车床、刨床。1910年，街上开办了德兴丝厂。1928年，开办了民生丝厂。1932年，实业机械厂被改建为枪械厂，生产、修理步枪与机枪。

在倒桑树街北的锦江上，有一座名为虹桥的单拱人行桥，桥西边有一棵树龄已逾200年的皂角古树。虹桥建成时间虽不长，但这一地段建桥历史却由来已久。

《华阳国志·蜀志》中"李冰造七桥"，万里桥"西上曰夷里桥，亦曰笮桥"的记载表明，现虹桥处极有可能是李冰曾经开成都二江所造七桥之一——笮桥的位置。自先秦时代就已经存在的笮桥毁于何时无史可考，笮桥消失后，当地居民过河只能依靠渡船。

渡船过河不似过桥便捷，在南河（今锦江）冬季枯水时，船家就在河两边垒几块大石，搭上木板作栈桥，便成了简陋但中用的渡船码头。而到了夏季丰水期，水大浪涌摆渡艰难，艄公便

位于倒桑树街的三六三医院

将如酒杯粗细的长纤绳一端固定在岸边古树粗大的树干上，另一端死死套牢船桅。渡船船票价格十分便宜，乘船一次仅一分钱。

20世纪70年代，3508厂自筹资金在渡船码头附近修建了成都市区唯一一座吊桥，桥长53米，宽2米，类似于都江堰水利工程的安澜索桥。自从有了吊桥，渡船就消失了。后来，市政府实施府南河综合整治工程，吊桥被拆除，在原址重新修建了一座单拱人行桥，名"虹桥"。

一棵百年皂角古树伫立在桥旁。古树有保护圆坛，坛高1.5米，坛径约10米，坛之东西各有五级石阶；坛侧石壁附有20世纪50年代原址老照片，刻有行草"古树作证"四字；圆坛西侧有小广场、独柱亭各一。古树周围花木葱茏，绿草茵茵，镌刻着古诗词和温馨话语的各类石头点缀其间。

时光荏苒，桥拆了又建，人来了又走，只有那棵百年古皂角树依然屹立桥头，见证着倒桑树街的变迁沧桑和江水的奔流不息。

肥猪市街

肥猪市街，起于洗面桥街，止于断头路，改造后长248米、宽6米，是一条很短的半截小巷。过去这里是成都南门一带主要的生猪集散市场，由此而得名。街旁还有肥猪市横街。

改造前的肥猪市街巷道很深且略显弯曲，中间有一截呈猪肚状，街上铺满青石板，由于鸡公车常年碾压，青石板上留下了一道道浅浅的车辙。街上人流熙熙攘攘，十分热闹，来来去去的鸡公车车轱辘发出悠扬悦耳的声音，街两旁还有茶馆、小饭馆可供歇脚。旧时，成都城郊各乡、县肥猪均在此交易，但有时不直接买卖，而是由肥猪市街上的"中人"谋划谈定价钱，另择地点取货。

肥猪市街是生猪交易集散地，但并非如想象一般四季泥泞、猪屎满街、恶臭熏人。为赚得更多，养猪人到肥猪市街交易前，通常给猪喂些精食，使其消化放慢，不会很快排泄，称重时可以增加重量。有时肥猪难免在路途中排泄，重量减轻，养猪人则心痛不已。

肥猪市街不仅贩卖肥猪，还有两三家浆洗街大商号在此设立的分号和店铺，专门收购牛、羊、狗等动物骨头及生皮。旧时，城郊有人以宰杀农户的病牛、老牛、瘟牛为生，肉归农户所得，而牛皮、牛骨、牛内脏等则归杀牛人，作为宰牛的酬劳。收拾一番后，杀牛人将牛骨等杂物装进麻袋，用鸡公车运送至肥猪市街贩卖。

1939年，成都市成立屠场公司，集中屠宰生猪，肥猪市街的生猪交易逐渐减少，但其牛羊市

肥猪市街

场仍交易兴盛，1966年仍有圈舍可圈存170头牛和1300头羊。直到1979年，成都市在肥猪市街开办肉食品加工厂，全部圈舍被拆除，肥猪市横街也被拆除。

肥猪市街见证了旧时成都屠宰业的发展。如今，改造后的肥猪市街上，热闹的集市已经消失，肉食品加工厂也不复存在，一片安静温馨的居民区取而代之，人们在茶余饭后不时回忆起旧日集市的喧闹忙碌。

菊乐路

菊乐路，起于一环路西一段，止于双元街，长841米，宽12米。原名大石西二街，1996年更名。街名来源于位于此街的成都菊乐企业（集团）股份有限公司。

菊乐集团最早可追溯至1966年设立的原成都化学制药厂。1984年，甜菊甙菊乐饮料上市销售，菊乐品牌诞生，进入食品行业。1985年，成都菊乐企业公司注册成立，下属药厂、出租车公司和食品公司等三个实体公司。1993年，成都菊乐企业（集团）股份有限公司设立，承继了成都菊乐企业公司的全部资产和业务，并获准向社会发行（定向募集）企业股票，是全国最早设立的股份有限公司之一。

1993年，该公司成为西部第一家引进瑞典"利乐包"生产灌装线，主要用于生产菊乐牌系列饮料产品。1996年，公司创新研制生产利乐包牛奶产品，成为中国最早使用利乐生产线的乳

菊乐企业

制品企业之一。2005年，菊乐企业被评定为"农业产业化国家重点龙头企业"。2008年，菊乐温江乳品总厂建成投产，当时为西南地区最大现代化乳制品工厂之一。

历经近30年的发展，菊乐集团已经成为西南地区最大的乳制品生产及销售企业之一。"菊乐"品牌先后荣获成都市著名商标、四川省著名商标、四川名牌产品、中国驰名商标等荣誉。菊乐集团还先后荣获成都市农业产业化重点龙头企业、四川省农业产业化重点龙头企业、国家级农业产业化重点龙头企业、四川省优秀民营企业（全省唯一乳企）等资质荣誉。经过持续创新和产业升级，至2020年，菊乐集团产业已经涉及食品、制药、汽车服务、投资、电商、旅游等板块。

燃灯寺路

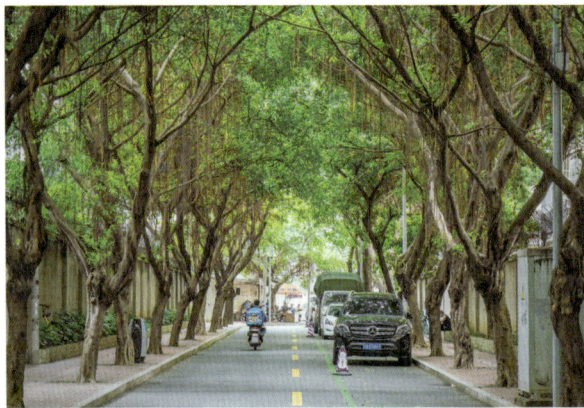

绿树成荫的燃灯寺路

燃灯寺路，起于广福桥北街，止于大石南路，长375米，宽6米。1998年命名。

燃灯寺路原为永丰乡所辖，得名于此地附近曾有一座燃灯寺。据清嘉庆《华阳县志》记载："燃灯寺，明天启年间建，清乾隆八年（1743年）、四十一年（1776年）重修，供奉燃灯佛。"今寺已不存，与燃灯寺相关的街巷还有燃灯寺东街、燃灯寺西街、燃灯寺北街、燃灯寺西北街。

其他街巷

浆洗街街道除浆洗街、武侯祠大街、洗面桥街等10余条特色街巷外，还有洗面桥横街、大石西路、双楠路等52条街巷。这些街巷或因桥而生，或因地得名，或依单位命名。一条条街巷如经纬纵横，编织出"人文浆洗，蜀汉武侯"的壮美历史和发展历程。这些街巷的基本信息列表如下。

表1　浆洗街街道其他街巷基本情况

序号	街巷名称	起点	终点	长度（米）	宽度（米）	命名年份	主要单位或代表建筑
1	武侯祠东街	武侯祠大街	洗面桥横街	384	14	1994	
2	武侯祠横街	武侯祠大街	一环路南四段	843	9	—	西藏自治区人民政府驻成都办事处
3	洗面桥横街	武侯祠东街	洗面桥街	743	14	—	拉萨银行驻成都办事处
4	体院路	武侯祠大街	武侯祠大街	252	5	1981	四川广播电视台星空购物有限公司
5	蜀汉东街	蜀汉街	武侯祠横街	254	6	1998	
6	南浦东路	南门桥	南河桥	200	10	1992	外滩一号广场
7	南浦西路	南浦中路	大石西路	600	10	1997	
8	南浦中路	虹桥	通祠路	200	10	1992	三六三医院
9	洗面桥巷	洗面桥横街	一环路南四段	815	8	—	益民菜市场

续表

序号	街巷名称	起点	终点	长度（米）	宽度（米）	命名年份	主要单位或代表建筑
10	蜀汉街	武侯祠大街	一环路南四段	482	7	1994	
11	大石南路	大石西路	七道堰街	860	9	1997	
12	大石西路	一环路西一段	清水河大桥	2012	13	1994	四川省骨科医院
13	高升桥东路	一环路南四段	二环路南四段	1162	14	1995	罗马假日广场
14	广福桥西街	广福路	广福桥横街	366	12	2001	
15	广福桥北街	双元街	高升桥路	631	18	2001	
16	广福桥横街	广福桥北街	碧云路	324	9	2001	
17	广福桥正街	广福桥西街	七道堰街	573	9	2002	
18	双元街	广福路	大石西路	765	18	1996	四川省水土保持局
19	双楠路	二环高架路	双元街	945	14	1996	四川交投集团、成都公交集团、置信广场
20	少陵路	双元街	二环路西一段	1120	12	1996	成都市武侯实验小学
21	高升桥南街	高升桥东路	高升桥路	844	7	1995	四川省建设质量监督总站
22	高升桥北街	高升桥东路	广福桥街	689	7	1995	沃尔玛超市武侯区店
23	广福路	二环高架路	双元街	739	12	1996	
24	双楠街	少陵路	广福路	765	19	1996	
25	大石西一街	一环路西一段	大石南路	372	5	1994	
26	红牌楼北街	高升桥路	二环路南四段	1322	5	1997	
27	百花西街	双元街	百花正街	137	6	1997	
28	百花南街	百花东街接百吉街	菊乐路	138	10	1997	
29	广厦巷	安居街	双楠路	392	6	2000	
30	红牌楼北街二巷	红牌楼北街	二环路南四段	206	9	1998	

续表

序号	街巷名称	起点	终点	长度（米）	宽度（米）	命名年份	主要单位或代表建筑
31	红牌楼北街一巷	红牌楼北街	二环路南四段	194	7	1998	
32	高华横街	高华一街	高华二街	670	5	2013	岩羊公益点
33	高华一街	一环路南四段	高升桥南街	180	3	2013	
34	高华二街	一环路南四段	高升桥北街	70	3	2013	
35	高升桥北一巷	高升桥北街东部四分之一处	高升桥北街中部	268	12	1995	
36	学苑巷	双楠路	广福路	302	6	1996	成都石室双楠实验学校
37	少陵东街	少陵横街	少陵路	156	6	1997	
38	燃灯寺西北街	菊乐路	燃灯寺北街	245	6	1997	
39	燃灯寺西街	菊乐路	燃灯寺北街	310	15	1997	
40	燃灯寺东街	一环路西一段	大石南路	400	20	1997	
41	燃灯寺北街	菊乐路	燃灯寺路	340	6	1997	
42	百吉街	百花正街	菊乐路	375	5	1997	
43	惠民街	双楠街	学苑巷	427	9	1996	
44	紫藤路	大石西路	少陵路	345	12	2000	
45	百花正街	大石西路	菊乐路	353	6	1997	
46	百花东街	大石南路	百花正街	340	5	1997	
47	碧云路	广福路	高升桥路	593	9	2001	碧云广场
48	龙门巷	双楠路	置信南街	301	6	1996	双楠菜市场
49	安居街	少陵路	惠民街	415	9	1996	
50	置信南街	置信北街	广福街	452	9	2000	
51	置信北街	少陵路	置信南街	454	10	2000	武侯区会议中心
52	七道堰街	一环路西一段	高升桥路	697	14	1994	四川省公安厅人民来访接待室

已消失街巷

浆洗上街 · 浆洗中街 · 浆洗下街

民国时期，浆洗街曾被分为上、中、下三街（原上街北止染靛街东口，接桥南街）。1997年，三街归并统一称浆洗街。在这条街上，除了远近闻名的制革业外，还曾出现过"米市""粪塘子""锤牛骨"三个最为老街坊刻骨铭心的行当。

浆洗街的米市，每值开场，双流、温江等邻县农户即以鸡公车载米来出售，营销大户则以黄牛驮运入场。牛铃叮当，车走如雷，自晨至午，源源不断。因成都北门火神庙附近有买卖大米的北市，故浆洗街米市被称为"南市"。大米交易皆以斗计，市场上有被称之为"行户"的专业经纪人。一旦买卖双方成交，即由力夫扛袋倒米于斗筐内，再用撮口包有铁皮的米撮箕撮米入斗。斗满之后，即由"行户"用"丁"字形的"斗括子"刮米，使之与斗口四周皆平，行话谓之"平口硬刮"。每斗量毕，"行户"即用一特制竹签插入米中计数，再由力夫持斗倒入买方米袋，最后数签统计总数。"行户"每每高声唱数，以示准确无误，买卖公平。米市中，浆洗上街112号业主吴德深所开的"益民商店"较为有名，其仓库约有800市石（市制容量单位，一市石等于一百市升）。

经营大粪的粪塘子主要集中在原浆洗上街和中街。成都解放前除两三家茶铺和一些散居的住家户外，就有大粪经营专业户近10户。粪主雇请工人从城里清运回粪便，存储在自家的粪塘内，就地出售。粪塘一般深2米，常用熟石灰抹四壁，也有用青砖石板镶壁的。塘口或方或圆，上面搭棚避雨。有的粪塘上搭上木板供运粪夫居住，被戏称为"粪坑楼"。

浆洗下街又是另一番景象，这里以锤牛骨头制作骨粉的人家比较集中。成都市的制骨粉作坊全部集中于这一带，1933年经营户有23

家。作坊业主购买牛骨后，烧水煮去其脂肪（若是从汤锅里购买的骨头可省去这一步），再暴晒待其干燥之后，以青石为砧墩，用小方铁锤猛击，直至将牛骨锤成粉末。牛骨粉是很好的农家肥，近郊的农民常常推着嘎叽作响的鸡公车，行进在洗面桥、浆洗街坑坑洼洼的路面上，买了牛骨粉，运回家以作肥料。1938年，四川农业改进所设计制成制骨粉机器，并在所内创办了成都骨粉厂。次年骨粉厂迁到了浆洗街，1945年时，年产骨粉20万斤。从此，人工锤骨的场景逐渐少见。

杀牛巷

杀牛巷，起于倒桑树街，止于武侯祠大街。20世纪50年代时为菜地，1958年政府为方便转运粮食而修通此路，后沿路建成部分单位宿舍，逐步形成街巷。1981年地名普查时，因牛羊经营部大门改在此巷而得名。1997年，杀牛巷改扩建后，因可通武侯祠而改称通祠路。

地处杀牛巷的"牛羊经营部"前身是民国时期位于皇城坝西侧的"小西巷屠宰场"。民国初期，成都屠宰牛羊主要集中在回民聚居的"皇城坝"（今天府广场西侧）一带。这种状况的形成有其特定的历史缘由：皇城坝的回民大部分是在明末清初时期由外省迁移而来，他们赖以生计的方式与其习俗和信仰紧密相关。清政府更有明文规定，回族人才可以屠宰牛羊，禁止汉族人屠宰牛羊。因此，皇城坝的回民多以屠宰牛羊为业，宰牛（羊）、剥皮、剔骨、煮牛（羊）杂、炼牛（羊）油，定点挂架或走街串巷零售牛羊肉。

当时成都屠宰牛羊是在各家各户分别屠宰，后来周孝怀（周善培，号考怀，曾任四川省首位巡警道、劝业道总办等，力主创办企业、戒烟除迷信、扶持民族工商业发展）提倡办实业，才由牛羊屠宰户共同出资，在小西巷内购地开办了一个牛羊屠宰场。20世纪40年代，因政府认为小西巷屠宰场设在城里，影响环境卫生和居民生活，应迁往城外。于是，成都特牲业公会议定，由各屠宰户共同出资在老南门外倒桑树街南侧买地，另建了一个屠场，面积达6900余平方米，即后来的杀牛巷牛羊屠场（今已不存）。

杀牛巷牛羊屠场所宰之牛，长期以来，凭淘汰证明购买。淘汰标准是黄牛一般13岁以上，水牛一般18岁以上。传统的宰牛操作方法是由2～4名工人用绳索捆牢牛的四蹄，将其踢倒，顺势将牛头扭向牛背，捆牢四蹄，松开牛头，然后由阿訇下刀，没有阿訇时则由信奉伊斯兰教的回民代刀。一刀断喉，让血流尽。待牛完全失去知觉之后方才剥皮，砍去牛头，开膛取内脏，最后将牛身分成四分体，剔骨。活羊的屠宰与活牛基本相同，羊头在下刀时割下，羊身不劈半、不剔骨。

20世纪90年代，杀牛巷屠场屠宰技术大大改进——安装了流水作业架空滑道生产线，配置提升机、牛羊扯皮机、天磅等设备。采用"倒挂式屠宰法"作业，先用钢绳将牛的后腿系牢，再用提升机将其提起并转挂到轨道滑轮钩上，宰杀、肢解等程序都在流水线上完成，大大减轻了工人的劳动强度。据记载，1980—1988年，累计宰牛102014头，宰羊52182头，年平均宰牛11335头，宰羊5798头。其中，1980年宰牛21319头，创历史最高纪录。

20世纪40年代末50年代初，成都牛羊特牲业曾对清真小学和西北中学教育经费给予过大力资助。特牲业常委会规定，每宰一头牛，缴纳大洋5角教育经费，谓之"小捐"。后来，有人将此誉为成都早期的"希望工程"。

老车站街·新车站街·南郊路·澄清街·川藏公路初始段

老车站街、新车站街、南郊路、澄清街、川藏公路初始段都是武侯祠大街的前身。

老车站街·新车站街　老车站街、新车站街得名于民国时期的南门汽车站。南门汽车站建于民国二十四年（1935年），隶属于四川公路局。旧址在成都老南门凉水井街南口，即名为老车站街。老车站有平房数间，场坝可停车10辆，专营成嘉（乐山）、成雅（安）两线客运。民国二十九年（1940年）老车站迁至武侯祠侧建立新车站，此地即名为新车站街。新车站有一幢三层楼房，楼底是售票厅和候车厅，楼房后面有停车场，能停车15辆，汽车出入通道位于停车场北侧。1950年，车站归川西运输公司和市交通局管理；1958年，划归成都市交通局管理。至1958年，先后增加了成雅、成乐、成邛（崃）专线客车班次，新辟成都至康定、峨边等地客运线。后因历史原因，1960年客运曾一度停歇。1962年7月，车站划归四川省汽车运输公司经营，恢复客运业务。1975年，新南门汽车站新建落成，南门汽车站停止运营。1981年，此路段被扩建为武侯祠大街。

南郊路　南郊路其历史只有短短的60余年。1950年后，政府在浆洗上街南口西折新开辟至凉水井南口衔接川藏公路的一条新街，因地处南郊公园附近而取名南郊路。南郊公园，原为民国时修建的纪念川军抗战将领刘湘的墓园。1950年，南郊公园与武侯祠博物馆合并管理。1970年分开管理，2003年再次合并。如今南郊公园已成为成都武侯祠博物馆的文化体验区，但是附近居民仍然习惯称其为南郊公园。

澄清街　澄清街，街名据说得名于一名叫郭澄清的收荒匠，他偶然寻得一件宫廷珍玩而发家，因而在武侯祠旁修房舍数间。后来住户增多形成街道，街道亦因此人得名。1981年，此街被扩建为武侯祠大街的一段。

川藏公路初始段　川藏公路初始段即武侯祠大门至高升桥，是一条古老的驿路。旧时统称通藏大道。此路原为人马通行的小道，至迟形成于唐代。从唐宋时期开始，这条路向西伸入吐蕃地区，成为朝廷与吐蕃之间交往的通道，蜀地茶叶和蜀锦由此道去换取吐蕃的马匹，这就是著名的茶马贸易。明清时期，更是汉藏两地沟通的交通要道。1981年，此路段被扩建为武侯祠大街。

清洁巷

清洁巷，为染靛街旁边的一条巷子。巷内原有一条河沟，由于附近住户密集及沟底低洼，水沟内垃圾杂物淤积，且长期无人清理，成了附近出名的臭水沟。成都解放后，有关部门多次组织群众疏通清淤这条臭水沟，经过整治，终于解决了此处卫生问题，后故将此巷改名清洁巷。20世纪90年代，因城市建设需要，此巷被拆除。

珠宝巷

珠宝巷，起于倒桑树街，原北段为烧房巷（因有酒厂得名）。南与原杀牛巷相交后延至武侯祠大街，长209米左右，宽5米，北高南低，道路微曲。1981年地名普查时因巷内有成都市珠宝厂而得名。20世纪90年代末，珠宝巷因城市建设而拆除。

大通巷

大通巷，起于原浆洗下街和原浆洗中街的分界点。巷内原有大通寺，清末寺庙已破败不堪，今已不存。成都解放后，居民逐渐增多，形成街巷，因寺得名。20世纪90年代，因城市建设需要，此街被拆除。

元通巷

元通巷，为倒桑树街旁边的一条小巷子，因清末巷内有圆通庵而得名（元同圆）。20世纪90年代，因城市建设需要，此街被拆除。

望江路街道

望江路街道位于武侯区东部，东面和北面与锦江区龙舟路、莲新、合江亭街道隔江相望，南接火车南站街道，西与玉林街道相邻，辖区面积3.19平方千米。境内有全国重点文物保护单位望江楼公园，街道办事处因此得名。望江路街道办事处前身为培根路街道办事处，成立于1953年，属成都市东城区管辖。1972年，培根路街道办事处更

望江楼公园外景（区融媒体中心提供）

名为望江路街道革命委员会，1978年，望江路街道革命委员会更名为望江路街道办事处。1990年，望江路街道办事处划归武侯区管辖。2007年区划调整，划入原致民路街道管辖的新南路以东的临江东路社区、新生路社区。2020年末，辖郭家桥、棕东、老马路、共和路、新生路等5个社区。

辖区内不仅有以纪念唐代诗人薛涛为主题的望江楼公园，还有四川大学望江校区、四川音乐学院、磨子桥新经济街区、四川大学国家大学科技园、四川省税务局、稽查局及成都城市音乐厅等机构。围绕城市音乐厅打造的音乐产业基地——成都音乐坊规划面积1.2平方千米，囊括音乐大道、音乐街区、音乐广场、乐器微博物馆以及丝管路酒吧休闲一条街等。浓厚的音乐文化艺术氛围、舒适的居住环境、便捷的交通、完善的人性化服务，使望江路辖区成为音乐追梦、居家生活、商务活动和发展经济的理想之地。2019年12月，望江路街道被工业和信息化部、民政部、国家卫健委评为"第三批智慧健康养老应用示范街道"。

特色街巷

望江路

望江路，起于太平南新街，止于郭家桥正街，长2158米，宽14米，因经过望江楼公园旁而得名，原为九眼桥至望江楼公园的通道，1953年进行扩建。

望江楼是民间对崇丽阁的俗称。崇丽阁其名取意于晋代文学家左思的《蜀都赋》中"既丽且崇，实号成都"崇丽二字，以称赞望江楼宏伟美丽。整栋楼阁在造型和装饰上都

望江楼公园大门

颇具特色，正好符合"崇、丽"二字。首先，造型上体现了"崇"字。楼高27.9米，全木结构，为园内最高建筑。楼分四层，一、二层为四面，三、四层为八方，寓意四面八方、四平八稳，这种建筑手法为古今楼阁中少见。每层顶面覆盖绿色琉璃瓦，阁尖配以鎏金宝顶，蔚为壮观；屋角悬有风铃，风过铃鸣，悦耳动听。其次，装饰手法上体现了"丽"字特色。楼阁底层画栋雕梁，各层斗拱雕有古代戏曲人物，猴、兔等十二生肖动物图案间杂其中，形象生动。

据史料记载，崇丽阁的前身是修建于明万历二十一年（1593年）的回澜塔，明崇祯十七年（1644年）毁于战乱，此后蜀中一直文风不

振。清光绪十二年（1886年），为振兴四川科举，马长卿、伍肇龄等募款修建崇丽阁以继蜀地文风。崇丽阁历时三年建成。楼成之日，马长卿为崇丽阁题写了一副楹联：

斯楼为蜀国关键，慨兵燹倾颓，人物凋谢，数十年满目荒凉，遗风顿竭；湔渊云墨妙、李杜才奇、轼辙名高，久经宇宙山川，沧桑千古。

此地是锦江要会，爱舟樯上下，烟浪萦回，几多士同心结构，胜地重开；想石室英储、岷峨秀毓、江汉灵炳，且看栋梁桢干，砥柱中流。

马长卿以望江楼建成为题，盛赞蜀中人物，慨叹今日凋敝，叙述了修建崇丽阁的动因、经过和落成的胜景，纪念千古流芳的同时，鼓励今人奋发作为。

崇丽阁中最著名的楹联当属清末文人钟云舫所撰写的长联，后由中国楹联学会会长魏传统将军补书。该联212字，上联尾云："问问问，这半江月谁家之物。"下联尾云："看看看，哪一片云是我的天。"气势恢宏，词意豪迈，渲染与烘托了望江楼高大雄伟。

楼阁二层有一天下绝联："望江楼，望江流，望江楼上望江流，江楼千古，江流千古。"气势宏大、浑然天成，似乎难望有继，后人虽有几款下联，但始终不敌上联气势。除此之外，还有叶燮生、王增祺等名士的楹联悬挂楼中，为崇丽阁增添墨香文韵。

民国十七年（1928年），市政当局围绕望江楼修建了"成都市郊外第一公园"。1952年该公园扩地培修，1953年开放，改名为"望江楼公园"。公园以望江楼为名，实为纪念女诗人薛涛。薛涛是唐代四大女诗人之一，诗人王建称其为"管领春风总不如"的"扫眉才子"。唐德宗贞元年间，韦皋任剑南西川节度使，召令薛涛赋诗侑酒，遂入乐籍。韦皋曾奏请朝廷授薛涛以秘书省校书郎的官衔，格于旧例，未能实现，但人们自此称其为"女校书"。后世称歌伎为"校书"就是从她开始的。

薛涛居浣花溪上，自造桃红色的小彩笺，用以写诗寄送友人以唱和。后人仿制其笺，并称为"薛涛笺"。望江楼公园里有一口薛涛井，是纪念女诗人薛涛的主要遗迹。薛涛井，旧名玉女津，临近锦江，井水清澈甘甜。据史料记载，明蜀藩王每年三月三日取井水制薛涛笺二十四幅，精选十六幅贡纳朝廷，余下自存，由此可见薛涛笺非常珍贵。现在井后牌坊上

位于望江路的四川大学博物馆

苍劲有力的"薛涛井"三个字，是清康熙三年（1664年）成都知府冀应熊手书，此后该井被正式称为"薛涛井"，成为后人凭吊女诗人的地方。

在望江楼公园内，还有吟诗楼、濯锦楼、五云仙馆等以纪念薛涛为主的建筑群，无一不是精巧别致。薛涛爱竹，曾称赞竹子"苍苍劲节奇""虚心能自持"。为纪念女诗人，望江楼公园内遍种国内外各种竹类460余种，是全国竹子品种最多的专类公园。走在幽篁如海的世界里，只觉得微风拂面，翠竹婆娑作响，甚至可以闻到淡淡的竹叶清香，游人仿佛可以穿梭千年时空，与高洁脱俗的女诗人吟诗唱和。

在望江路东侧，曾有望江楼码头。它建于唐代，原为水码头，因从成都出发远行客船多由此启程，码头一带成为饯行送别的场所，独特的人文、环境、地理优势，使之逐渐演变为成都主要客运码头。望江楼码头在清同治元年（1862年）重建，用石料砌成，长20余丈、宽5丈，临水岸边筑有石台阶可上下。20世纪90年代，成都市实施府南河综合整治工程，在原址上用部分旧石料重建，码头长21.6米、宽4米，沿河岸边筑有三重青石台阶和两层小台，可沿石梯上下。码头平台离河床高约8米，可供过往船只停泊。码头岸边还建有两层石护栏杆，方便行人过往。历史上望江楼码头作为锦江的主要码头，见证了成都发展变迁，蕴涵了丰富的巴蜀历史底蕴和人文精神，具有独特的文物价值。

致民路

致民路，起于新南路，止于丝管路，长875米，宽8米，1939年建成并命名。

抗日战争时期，为疏散城市人口，成都市于1938年开辟新南门，又在北临锦江、西接新南线、东至四川大学、南抵田野这片区域内，规划建成了新村。村内由西向东建有三条干线，分别取名致民路、龙江路和新生路。这三条干线上，从南至北，规划道路若干条，大者为街，小者为巷。这些新规划的道路分别命名为十一街、十二街、十三街、十四街、十五街、十六街、十七街，同时派生出对应名称的巷（部分街巷后被拆分或拆除）。民国时期被孙中山先生誉为"儒宗"的著名史学家向楚，晚年就住在致民路十一街的一个四合院中。位于十一街北口的猫猫庙遗址，在400多年前的明朝，曾是供奉太上老君的庙宇。

致民路

致民路为新村主要干道最长的一条，取"致民以治"之义命名。原路东至太平南街，成都解放后，因路段太长，从太平横街分为两段，东段改为致民东路，本段仍名致民路。1966年改名红专中路；1981年地名普查时复名。现致民路东起太平横街接致民东路，西至新南路。致民路这条700余米的道路上曾经有两家比较出名的工厂，即成都油脂化工总厂和成都耀华食品厂。

成都油脂化工总厂位于致民路31号，其前身为成都肥皂厂。该厂生产肥皂、皂粉、洗洁精、金属清洁粉、香波等，曾是四川洗涤用品行业数一数二的"龙头"企业。其产品中最为出名的莫过于芙蓉肥皂。芙蓉肥皂没有添加香精，用它洗过

致民路戏台

的衣服，留存着淡淡的天然肥皂气味。芙蓉肥皂还有很好的杀菌效果，若是夏天被蚊虫叮咬，只需用肥皂洗一洗便能止痒杀菌。它物美价廉，深受成都人喜爱，它的广告词"芙蓉五朵花，洁净千万家"等深深地留在了老成都人的记忆里。芙蓉肥皂在市场上独领风骚，曾被评为四川省著名商标，芙蓉肥皂粉还被评为首届中华国产精品金奖。1998年5月，成都油脂化工总厂改制为民营企业，更名为成都芙蓉洗涤用品有限公司，厂房也从致民路迁至成都外南中和场。

成都耀华食品厂正门位于致民路50号，后门位于龙江路，曾用名"东风糖果厂"。最初由民族资本家赵志成创办，20世纪七八十年代曾经是成都市最牛的生产糖果的食品厂。生产的糖果用花花绿绿的糖纸包裹着，里面是各式果味硬糖，有橘子味、菠萝味、苹果味等，还有各种各样的芝麻酥心、高粱饴、石花软糖以及花生碎小天使和果酱夹心糖等。20世纪90年代初，还研制了独一无二的七彩水晶薄荷、椰奶脆皮糖、咖啡脆皮糖、柔软巧克力、沙利士、巧克力酥糖、宝石糖等一批国内少见的糖果。耀华食品厂生产的糖果品种众多、口味香甜、包装鲜艳，在成都乃至四川非常受欢迎，食品厂也得以快速发展，90年代初已有员工1600余人，年产糖果近万吨。1995年，国内贸易部授予耀华"中华老字号"证书。2002年左右，成都耀华食品厂改制解体，厂房也随后拆除。

龙江路

　　龙江路，起于老马路与太平横街交会处，止于新南路，长756米，宽12米。抗日战争时期，成都市为疏散城区人口，1938年规划新村时修建此路，建成于1939年，是东西走向的三条干道之一，该路西起南台寺，蜿蜒顺锦江东行，伸向九眼桥头，如渴龙奔江，故起名为龙江路。

　　回首龙江路几十年的风雨，让人印象最深刻的是这条街道上的四川省峨眉交通机械厂，人们简称其"交机厂"。交机厂开办于1936年，最早称"川西汽车修配厂"，后更名为"四川峨眉汽车修配厂"。20世纪60年代以前，主要从事客车、货车修理和汽车齿轮、主副轴、方向机总成等配件的制造。

　　1962年，交机厂再次更名为"四川省客车厂"，但人们仍习惯称其为"交机厂"。该厂是交通部系统八家骨干企业之一，由交通部指定研制公路客车，成为国家定点西南客车生产骨干企业，也是当时四川省乃至西南地区最大的客车制造厂，生产有最著名的"峨眉"牌客车。"峨眉"牌客车价位适中、质量稳定，且非常适合跑山路，因此在20世纪80年代中期至90年代初期特别畅销，在西南地区的国道上随时可见。

龙江路

　　交机厂规模很大，占据了大半条龙江路。龙江路20号是厂房、办公楼、单身宿舍；21号是职工宿舍，两幢楼房一字排开。附近的十二街上建有交机厂的幼儿园和老干部楼，在通向四川音乐学院的另一条街上，还有该厂的单身宿舍。

交机厂的福利比较好，厂里的工人不仅可以免费洗澡、治病吃药、看电影，定期领取白糖、茶叶、水果、月饼等食品，逢年过节还有聚餐票，所谓"敲钟吃饭、盖章拿钱"大抵便是如此。厂里经常开展各种活动，如民兵训练、拥军优属、爱国卫生，还有拔河比赛、篮球赛、歌舞表演、出墙报等；每星期还会放映露天电影，附近的居民都会前来观看，场场爆满。每年到文化宫参加的职工篮球赛更是十分精彩、颇受欢迎。交机厂的职工篮球队是成都市甲级队，每次参加比赛都能获奖。每逢有比赛的那天，便有人在工人宿舍楼门前吆喝，一听到这叫喊声，大家就急急忙忙收拾东西，搭乘厂里的客车去给篮球队当拉拉队。比赛的时候，大家都化身为厂里队员的"迷妹"，一个劲儿地呐喊，中场休息时则为球队送水。

2004年，四川省客车厂改制成为"四川省客车制造有限责任公司"，厂址也搬迁至双流县（今成都市双流区），并在大邑县工业园区建设了新厂区，而龙江路上原交机厂的厂房和宿舍拆除后修建了居民小区和酒店。今天的龙江路已成为成都音乐坊核心街区，开满了乐器店铺，各种乐器声交织在一起述说往事，期盼未来。

红瓦寺街

红瓦寺街，起于共和路，止于一环路南一段，长413米，宽9米，建成于1991年，因曾有红瓦寺而得名。

在旧时成都景点中，有一个不太出名的寺庙——德元寺。据清嘉庆《华阳县志》记载：

小游园

"德元寺，俗名红瓦寺，治东城外三里。明万历间建，毁于兵。康熙四十四年（1705年）重建，乾隆五十五年（1790年）补葺。"抗战时期，大批省外来川人员在附近建房形成了街道，街道即以寺取名，称"红瓦寺街"。寺庙已不在，但街名却沿用至今。

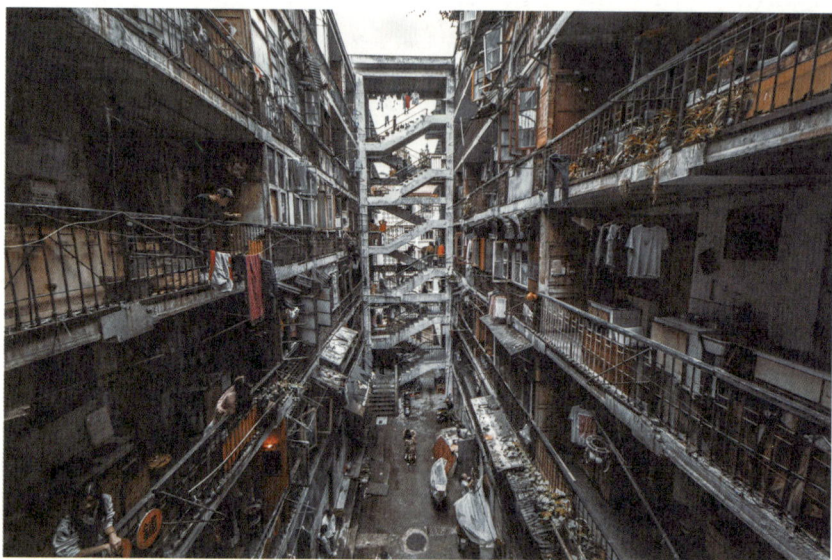

鸳鸯楼

红瓦寺街的一个老居民区内隐藏着一栋楼——鸳鸯楼。鸳鸯楼是一座以"之"字型剪刀楼梯连接两栋住宅楼而成一体的红砖建筑物，修建于20世纪70年代。两栋通道式的老住宅楼高7层，相对而立。楼层之间公用一个楼梯，最初是为了节省建筑材料，而恰恰因为中间这个"之"字型楼梯的存在，使原本独立的两栋楼房形成一个整体空间，四通八达、一贯到底，从而方便了楼内各家各户的联系。坊间传闻，鸳鸯楼因"让原本住这里的单身青年脱单"而得名。但是，据老住户说，鸳鸯楼以前是原成都科技大学（今四川大学）为年轻教师及家属，特别是新婚夫妇专门修建的住房，一楼的房型设立了空间相对狭小但很便利的"保姆房"，二楼及以上的一居室则比较宽敞。所以，鸳鸯楼在当时完全属于众人向往的"高端住宅"，只有大学教师及家属才有资格入住。因两栋楼以楼梯连接相通而成为一个和谐的整体，于是人们形象地取名为"鸳鸯楼"。这和传闻中的名称来历稍稍有些出入，但仍与浪漫的"鸳鸯"二字不无联系。鸳鸯楼和成都其他老房子那种敦实厚重的苏式建筑筒子楼风格不同，在众人眼中，这里更像是王家卫电影里的"老香港"，也像是周星驰电影里的"猪笼城寨"。其实，在上世纪的中国建筑中，这种造型的公寓楼很多，而这里却能吸引很多人来拍照打卡，最大的原因是这里永不褪色的烟火气息。由于是通道式结构，鸳鸯楼每家每户的厨房都设在外面阳台上。做饭时，站在过道就能听见各家切菜、炒菜的声音，足不出户也能闻到上下左右人家煮火锅的味儿；站在一栋楼的过道，可以清楚看到对面那栋楼的邻居在做什么菜。而且，由于楼层是四通八达一贯到底的，如果要去楼道最里面的房间，就必须穿过楼道中别人家门外的厨房才行。当年这里的主人都是年轻的大学老师，可以想象每到饭点鸳鸯楼里的话语欢笑声、锅碗瓢盆混合声和饭菜香味四处飘散，在这里体味到属于老成都人的旧时光。

时过境迁，原本住在这里的很多人都离开了。"现住民"构成复杂，除了少部分四川大学教师及家属外，还有外卖员、临时务工人员以及一些做小本营生的摊位老板等。然而，楼道里随处可见的旧灶台、家具、晾衣架等却依旧透露着隐藏在鸳鸯楼里的民间烟火气息。正是这些地地道道的烟火气息，让原本"平平无奇、破破烂烂"的鸳鸯楼吸引了一拨又一拨的好奇拍客前来打卡。

培根一巷

培根一巷东北起望江路，西南至铮园二巷，长350米，宽10米，得名于曾位于附近的原培根火柴厂。1949年以前成都的工厂很少，以工厂的名称命名的街道也少，培根路就是继天成街之后又一条以工厂命名的一条街道。

位于成都九眼桥南的培根火柴厂，是成都慈惠堂的下属单位之一。原名惠昌火柴厂，始建于清光绪末年周孝怀（周善培，号孝怀）任四川劝业道时。民国时期，四川局势长期混乱，生产无人关心，工厂亦日趋陵夷，终致停产，后竟成为驻兵之所。1922年，尹昌龄先生开始主持成都慈惠堂，锐意整顿，亟谋开拓财源，供堂中扩大救济之需。乃于1924年商请督理四川军务的杨森，将厂房拨交慈惠堂，杨即表同意，并令厂中驻军克日迁让。恢复火柴厂生产需经费约1万元，慈惠堂自身无力筹集，期诸政府拨款亦不可能，当时虽有川军将领表示愿意提供资助，但意在从中得利，并非支持慈善事业，只有向银行借贷较为可行。为此，尹先生面商于中国银行分行行长周宜甫（询），请其协助，但恪于行规，无力提供实物，以充贷款抵押。周行长虽不能直接借出，但终以行长身份，转借得五千元，尹先生赖此款使火柴厂得以恢复，并改名为培根火柴厂，正式纳入慈惠堂管辖范围。慈惠堂下属单位多冠以"培根"二字，如培根小学、培根工厂。培根火柴厂厂门两侧，曾有尹先生亲自撰写的木制对联，联文如下：

慈善事业在良心，假公济私，绝非人类。
生产艺能求进步，殖材振乏，恃此资源。

尹昌龄先生藉联语申述自己的态度和主张，既以自明，更以警世，并通过火柴商标再作宣扬。工厂里生产两种火柴：一种是红头火柴，多销往农村，以儿童手捧饭碗作为商标图案，称为儿童牌；另一种是安全火柴，多在城市中销售，以一把张开的折扇作商标图案，称为扇牌。扇面上还有尹先生拟的四言六句："厂中余利，专恤孤穷，敢有私心，天地不容，以扇喻善，奉扬仁风。"末署其别号"约堪"二字。工厂根据使用对象的不同，采用不同的商标图案，得到了社会各界的理解、监督和支持。厂中采取的各项具体措施，亦本慈善之旨，对待工人体谅照顾多于要求与约束，尤其对待女工更是如此。对她们既不规定入厂年龄，也不问其体力的强弱；既不规定上下工时间，更不限制其进出厂的自由。厂中免费供应开水与炉火，以便她们安排生活，因此扶老携幼、全家入厂者甚多。她们清晨入厂，薄暮始归，无后顾之忧和往返之劳，而有室家之乐。另外对那些不便离家或居住较远的工人，允许他们领取原材料，回家制作火柴。厂里还在附近修建民房，低价租给职工居住。录用职员也不排斥那些年老体弱的，使他们也能有谋生的机会。对厂中职工虽多照顾，但严于公私之辨，决不允许有损公肥私行为。尹先生以身作则，在主持慈惠堂20年中，从未领取过报酬，厂中职员工薪虽薄，但懔于禁忌，都能自爱自律，奉公守法，使生产不断扩大，所得利润都能用于慈惠堂的各项救济开支。慈惠堂得此资源，规模也日益扩大，终成全川最大的社会慈善救济机构，培根厂也成为全川首屈一指的火柴厂，其产品不仅遍及全川，抗日战争时还曾远销省外。1939年，尹先生因疏散来厂借住，慈惠堂总管理处亦迁设厂中。1942年，先生衰惫日甚，顾念后事，必须加强管理力量，使慈惠堂资产得以保全，救济事业不致中断，决定增设理事长一职，拟请张澜先生担任。是年冬，尹先生病逝厂中，省市当局张群、余中英等据其遗愿，聘请张澜任理事长，邵从恩（明叔）任首席监事，共20人组成理、监事会，作为慈惠堂的领导机构。1943年，张先生亦迁住厂中，直至1947年东去上海时止。培根火柴厂厂长王干青（1890—1949，四川绵竹人，中共党员），早年曾受尹先生知遇，故执弟子礼，在任厂长期内，廉洁奉公，尽心厂务，多有贡献。1949年，王干青在厂中被国民党反动派逮捕，牺牲于成都十二桥。

郭家桥北街

郭家桥北街，起于望江路，止于望江路与郭家桥正街，长1067米，宽19米，1995年命名。

郭家桥北街所在区域原来称为筒瓦窑，白药厂所在区域称二瓦窑，再往南则称三瓦窑，是旧时成都制砖、烧瓦的地方。有一条小河从肖家河延伸到此处，河上有一座石拱桥。清末有郭姓人家在这个地方买了大片的土地，所以人们称这座桥为郭家桥，此地也由此而得名。

2016年，望江路街道紧扣地域特色，以"诗文化""竹文化""水文化"为主题，将郭家桥北街打造成为社会主义核心价值观法治街区。街区全长400余米，面积7200平方米，共有16组雕塑小品，

社会主义核心价值观法治一条街
——郭家桥北街

26个主题宣传栏，其中，地标建筑高达4.1米，刻着成都市文明公约和武侯"微文明"。街区的打造，使社会主义核心价值观宣传教育改变了单一的"大水漫灌式"方式，在落细、落小、落实上下功夫，让核心价值观内化为人们的精神追求，外化为人们的自觉行动，进一步深化群众对核心价值观的认同。郭家桥北街已成为社会主义核心价值观宣传特色点位和群众休憩、活动的乐园。

与郭家桥相关的街道还有郭家桥正街、郭家桥南街、郭家桥西街、郭家桥西巷。

其他街巷

望江路街道除望江路、致民路、龙江路等特色街巷外，还有老马路、江天路、新南路等30条街巷。"锦城丝管日纷纷，半入江风半入云。"这些道路、街巷如一根根琴弦，弹奏出这片土地和谐动人的乐章。这些街巷的基本信息列表如下。

表2　望江路街道其他街巷基本情况

序号	街巷名称	起点	终点	长度（米）	宽度（米）	命名年份	主要单位或代表建筑
1	临江东路	新南路	丝管路	575	7	1937	四川省税务局、"二一六"革命烈士纪念碑
2	老马路	一环路南一段	龙江路	359	14	—	西藏自治区政府驻成都办事处
3	江天南巷	江天路	致民路与致民东路交会口	78	7	2012	
4	江天路	丝管路	临江东路	415	7	1997	音乐广场
5	郭家桥正街	二环路南一段	郭家桥北街	481	15	1995	
6	郭家桥西街	科华街	二环路南一段	376	9	1995	武侯区教师进修学校
7	郭家桥南街	郭家桥正街	郭家桥西街	377	6	1995	石竹苑广场
8	郭家桥西巷	郭家桥西街	二环路南一段9号院	138	7	—	
9	丝竹路	致民路	群众路	363	12	2005	四川音乐学院附属实验小学
10	共和村	共和路	红瓦寺街	173	13	1951	
11	十一巷	龙江路	致民路	25	7		

续表

序号	街巷名称	起点	终点	长度（米）	宽度（米）	命名年份	主要单位或代表建筑
12	十一街	致民路	龙江路	75	11	—	猫猫庙遗址
13	新生路	群众路	十二南街	258	10	—	四川音乐学院
14	新南路	一环路南一段与一环路南二段交会口	复兴桥	1534	6	—	成都旅游集散中心、西婵美容医院
15	太平横街	龙江路	新生路	203	4	—	
16	十二南街	新生路	龙江路	186	7	—	
17	十二北街	致民路	临江东路	152	7	1937	成都市肿瘤医院、四川省民防局（省人民防空办公室）
18	十二中街	致民路	十二南街	174	10	1937	成都市第七人民医院
19	十四南街	龙江路	新南路	64	4	—	
20	十四巷	龙江路	十四南街22号围墙	161	6	—	
21	十五北街	致民路	临江东路	181	6	1937	四川省建筑岗位培训与职业资格注册中心
22	十五中街	龙江路	致民路	179	6	1937	
23	科华街	郭家桥北街	科华北路	323	9	1999	
24	群众路	一环路南一段	太平横街	391	6	—	
25							
26	民主路	一环路南一段	一环路	564	6	—	
27	太平南新街	望江路	共和村	482	13		四川大学附属中学（成都十二中）
28	丝管路	望江路	共和路	559	10	1981	
29	致民东路	一环路南一段	新南路	463	8	—	成都市市场监督管理局、成都市知识产权局
30	法云庵	老马路	丝管路	175	6	—	

已消失街巷

白塔寺街

从九眼桥沿府河岸边向四川大学方向，原有一条街，被称为白塔寺街，街道仅有半边房屋，东起望江路，西止太平南街北口，北临府河，后并入望江路。明万历二十一年（1593年）布政使余一龙在修建洪济桥（清李世杰补修时改名为九眼桥）时，同时修建了镇水塔（属于古人专门用来压制水妖、免除水灾的风水塔）。传说府河、南河两江合流的地方，水流湍急，有伤风水，易引起水灾，于是余一龙便修建了用以镇水的回澜塔。在回澜塔旁边还建有回澜寺，塔身是古塔常见的白色，因此老百姓习惯称为白塔，把回澜寺也称为白塔寺。

回澜塔高10层，塔顶为一个镀以锡合金的宝顶，阳光之下会闪烁着银白色的光芒，很是壮观。回澜塔在明末毁于战火。清乾隆二十七年（1762年），四川总督开泰在回澜塔的旧址重建了塔式建筑"同庆阁"及附属建筑，附近老百姓仍然按过去的俗名称之为白塔和白塔寺，这里逐渐形成的街道则名为白塔寺街。民国初年，白塔还残存七层，但已经不能登临。1945年11月23日，一场火灾将白塔、白塔寺和白塔寺街几乎尽毁。成都解放后，路边的房屋渐多，于是有了白塔巷和白塔村，后来白塔巷和白塔村因城市拆迁而消失。成都回澜塔有过不少的民间传说，其中白塔成箭的传说广为人知。

明末清初，张献忠占领成都建立大西政权后，登临回澜塔览胜。他的目光掠过烟树晴霞，远处的金顶宫阙是他的承天殿位置。此时江风拂面，他心中充满洋洋自得之意，猛然间却发现"弯腰驼背"的九眼桥恰如一张劲弓横跨大江，而影摇江面的回澜塔，酷似一枚蓄势待发的利箭；更加令他心惊的是，这利箭竟然不偏不倚正对准他的承天殿龙案！……张献忠惊呆了，不觉想起城中小孩子们所唱民谣："桥似弯弓塔似箭，一箭射到金銮殿。"他惊愕异常，怒火中烧，于是便下令拆毁回澜塔。

回澜塔毁了不打紧，却毁出一件更玄乎的事情：士兵们从塔基下挖出一方残碑，碑上古篆赫然刻着："修塔余一龙，拆塔张献忠。岁逢甲乙丙，此地血流红。妖运终川北，毒气播川东。吹箫不用竹，一箭贯当胸。诸葛孔明记。"清代乾隆翰林编修彭遵泗在杂史《蜀碧》中也记载了这件事。这事弄得举城哗然，人民纷纷揣测碑题，均对"吹箫不用竹"百思不得其解。直到大西王朝垮台，清朝肃亲王豪格挥师围困张献忠及其军队于四川西充县，将其一箭穿胸射死，人们才恍然大悟，方知："不用竹"原来是"箫"字去掉"竹字头"，就是肃亲王的"肃"字也！此后民间便流传谶言的灵验，认为张献忠的死和拆毁回澜塔有关。一千多年前的诸葛亮居然预料到修塔、拆塔和张献忠兵败之事，显然缺乏依据，但借人人钦佩的诸葛武侯来"预言"张献忠的失败，可见在四川大众心中，对张献忠那是无比厌恶的。

太平街

太平街，位于九眼桥以西的锦江沿岸，附近还有太平南街、太平下街、太平巷等以太平为名的街巷。街名来源于原太平下街曾有一座东山白塔太平寺，寺毁于南宋末年。1922年，人们在此地发现一截宋乾道年间（1165—1173年）的断碑，碑文证明确有此寺。

清末，太平街位于南河与府河汇合之后的南侧河岸，曾经是一个重要的水码头。由于街上沿河开有硝制加工皮革的作坊和通过水路运输皮革制品的商家，所以叫做皮房码头。又因为有很多从江中漂来的竹排上岸后在江边交易，所以也称为竹子市。九眼桥桥头的太平下街还有几家铁匠铺，专门为来往于府河、南河的船舶打造维修用的铁钉、抓钉以及打鱼用的铁叉。民国时期，由于陆上交通逐渐取代水上交通的地位，太平街的繁华也就逐渐消退。抗日战争时期，成都市政当局在新南门至九眼桥的南河以南这一地区修建以致民路为主干的新村，这一片基本上成为居民区。成都解放后，按江流方向重新划分太平上、中、下街，原太平街改为太平上街。

20世纪90年代开始，成都市政府对锦江两岸道路与民居进行改建，原来沿江狭窄破旧的太平上街、太平中街和太平下街都已不存，而代之以新建的江天路与丝管路，在江天路与丝管路之间修建了府南河音乐广场。音乐广场建于1997年，占地约2500平方米。1998年6月和10月底，成都市府南河整治一期工程竣工庆祝大会、第一届成都国际电脑节电脑音乐会先后在此音乐广场举行。如今以"太平"命名的街巷只剩下太平横街和太平南新街。

法云庵路

法云庵路，起于太平横街南，止于老马路，南跨群众路。因法云庵所在地得名。法云庵建于清康熙五十五年（1716年），原名法云禅院，俗称法云庵。法云庵在民国时期就已不存，解放后成都市在法云庵的旧址修建了市殡仪馆。抗日战争时期，以法律系知名全国的北平朝阳学院内迁成都，于1938年夏至1941年夏在法云庵恢复办学。学院中共产党员多、进步人士多，特别是全国著名的左派经济学家"邓、马、黄"，即中华人民共和国成立后任民盟中央副主席的邓初民、任湖北省民盟主委的马哲民、任高教部副部长的黄松龄（他们三位都是中共党员），被誉为"红色教授"。他们在课堂上公开讲授马克思主义，每逢他们在大学演讲，课堂内外总是挤满了学生。在"红色教授"们的影响下，许多青年学生开始阅读马列著作，走上了革命道路。因此，有人把当时的朝阳学院称为"红色学院"，朝阳学院培养了一大批参加成都抗日进步活动、建立抗日救国统一战线的人才，因此也被称为成都的"抗大"（延安的抗日军政大学）。学院在1941年夏天迁往重庆。此后，法云庵路因城市建设拆迁消失。

与文里

与文里，在九眼桥附近，紧临四川大学，接原太平南街。据当地居民回忆，与文里是一条弯曲且狭窄的小街，最狭窄处容不得两辆木架车错车。与文里紧临四川大学和锦江，走路几分钟可以到达。二十一世纪初被拆除，后四川大学新建住房小区，取名"与文里"，以保存延续这段历史。

观音阁巷

观音阁巷，起于致民路，止于原万年桥街。清光绪年间，该地有观音阁，建庙年代无考，有正殿和玉皇楼。1966年，玉皇楼与神像俱毁，正殿改作民房。此处原为空坝及少数草房，后居民逐渐增多，因此成巷，即以庙为名。

培根路

培根路位于九眼桥南，太平南街以东，最东头就是三校合并之前的原四川大学的西侧门（一般称为后校门）。培根路因培根火柴厂而得名。2006年，因城市拆迁建设而消失。

万年桥街

万年桥街，起于太平上街，止于十二桥北街。此街西头原有一小型石拱桥，名万年桥，街道因此得名。

火车南站街道

　　火车南站街道位于武侯区东南部，东临锦江，南邻成昆铁路，西至高新区新光路，北至二环路南一段、南二段、南三段，人民南路横贯辖区，面积4.23平方千米。火车南站辖区原属桂溪乡，桂溪乡因境内有桂溪古寺而得名；清代至1958年，属华阳县管辖；1960年，桂溪公社划归成都市金牛区管辖；1997年与得胜公社合并，仍名桂溪公社；1990年桂溪乡划归武侯区管辖，同时以锦江为界，划出4个村归锦

十街坊广场（徐仁成　摄）

江区管辖；1996年5月，桂溪乡以成昆铁路为界，铁路以北的长寿、桐梓林、高攀桥、棕树、望江等村新设立武侯区火车南站街道办事处。2007年，人南立交桥（含老成都民俗公园）划入火车南站街道管辖。2020年末，辖长寿苑、桐梓林、南站、得胜、高攀桥、锦官新城6个社区。

辖区有街、路、巷45条，其中科华中路（含科华南路）、人民南路（四段）、高攀路和火车南站东路（中环路南站段）等是市区从城南出入和通往双流国际机场的重要通道，有地铁1号线及30余条公交线路穿境而过。

特色街巷

高攀路

高攀路，起于二环路东五段，止于中环路高攀东路段，长1380米，宽19米。建成于1985年，2000年命名，因地处高攀桥附近而得名。

据清嘉庆《华阳县志》中乾隆年间举人潘元音《重修高板桥小引》记载，成都东南数里，有一条河，名桂溪，临溪有寺，名桂溪寺，俗称小峨眉。寺东数

高攀路（徐仁成 摄）

百步有桥，名高板桥，建于何时不详。清乾隆庚子辛丑年（1781年）秋，连年大水，冲毁桥梁，仅余两个桥墩，河岸也因水毁而难以通行。桂溪寺僧众及附近士绅商量后，决意"以人力积人功，以仁心造人路"，共同筹集善款，重修高板桥。相传，桥修好后，众人按照习俗准备踩桥时，有一道士误踩新桥，道士担心受罚而连忙施礼，不断口称"高攀高攀"，善良仁厚的乡民们认为此乃天意，故称此桥为"高攀桥"，别名"高板桥"。

"1906军民融合创意工厂"位于高攀路，这里的前身为7322工厂，又被称作"白药厂"。清末洋务运动期间，这里就是生产弹药的地方，为了隐秘，人们都将7322厂喊作"白药厂"。几年之后，曾经

1906军民融合创意工厂

的白药厂已蝶变为"1906军民融合创意工厂",如今已被市上确定为"成都市文化地标",成为武侯高攀片区文创产业核心驱动引擎。

《成都市志·工业志》记载,白药厂办公楼由德国格兰公司设计。据说,修建它的水泥、玻璃等原料都从德国运来,要经由上海、南京、武汉、重庆、乐山运到成都。如今,我们依然能看见小楼中间部分为两层,两翼则为三层,全由青砖砌成,屋顶则分成6个坡面,上面铺满了小青瓦。最为奇特的是,两翼房顶四个角,均有一个像烟囱一样高高立起的东西,四周为花瓣状的装饰。虽然是德国人设计的,但房子却是成都本地工匠修建,自然也加入了中国传统文化的元素,如两侧墙上用蝙蝠来装饰,寓意"遍福",象征幸福延绵无边;房屋的青砖也是本地烧制的,尤其是建筑里面,每一层都是木地板,扶手也都是木质的,乍一看很像江南地区的楼阁。白药厂旧址遗留的老建筑共有4栋,其中建于1906年的有A13、B1、B2,另有一栋建于1902年的A4。在7322厂时期,A4叫作皮工房,用于制作枪套、子弹袋等装具;B1叫枪班,负责修理枪支等轻武器;B2则用于机械加工,负责生产枪炮的零部件。随着时代的变迁,白药厂再次经历巨变,7322厂开始生产民用品,建筑陆续被出租。"修旧如旧"在高攀路26号有了最自然的呈现方式——从外表看,它还是一栋栋老厂房,但内部的结构已经产生了很大的变化,不仅把所有能用的材料都用起来了,还被赋予了新的生命。因此,在满眼的藤蔓绿植下,依稀可见不同年代的影子。如今,这里已被武侯区打造为全新的文创"梦工厂",吸引大量文创企业入驻。创意工厂已经成为文创产品设计、制作及文化体验的集中地，各种"小而美"的设计公司、画廊、绘本馆、国学堂等，共同将这里装点得充满活力。

桐梓林路

桐梓林路，起于桐梓林北路，止于中环路火车南站西路段，长819米，宽9米，1997年命名。

《成都商报》的记者曾这样报道桐梓林路："到了这里，当然还是要'入乡随俗'一番的，就去喝一杯'午后的咖啡'

桐梓林欧洲风情街

吧。走进一家新开的'SunSwift'，嗯，还真不错！绛红色的窗纱，柔软的沙发，《阿根廷别为我哭泣》的背景音乐里，最打动人的莫过于桌前那朵含苞欲放的紫色百合花……在这里，欧陆的元素随处可见，在这里，欧洲的风情触手可及。"这个"欧洲的风情触手可及"的地方就是桐梓林路，因曾有成片的桐树而得名。提到桐梓林，首先想到的是这里曾是著名的富人区。

20世纪90年代初，一大批外企和高端写字楼出现在城南，1992年，位于人民南路的锦绣花园，作为成都最早的一批商品房正式亮相，"开奔驰车，住锦绣花园"这句广告词给出的精准定位，让它成为成都鼻祖级别的富豪楼盘，也让无数成都最先富起来的那一拨人趋之若鹜。

2006年，欧盟决定在成都举办欧洽会，这是欧洽会第一次在非首都城市举办。为了迎接欧洽会，武侯区政府将桐梓林路打造成为"欧洲风情街"。在这里，红页岩铺成的街道，大理石拼成的欧式城堡，巨大明亮的扇形落地窗，绿色植物圈成的楼顶围栏，琳琅满目的花架、花车、露天酒吧、露天咖啡吧等，浪漫而又迷人。这里处处可以让人体会到浓浓的欧洲风情，是外籍人士最钟爱的聚居地。

或许只有在桐梓林，居住在成都的外籍人士才能找到家乡的感觉，于是，越来越多的外籍人士选择在桐梓林社区居住。据统计，成都有大约四分之一的外国人居住在此，共4300余人，成为成都外国友人居住最集中的地方。多元文化在这里碰撞、融合和发展，这里的居民可以听到各种腔调的外国语言，可以享受到世界各地的美食，可以交到来自各国的朋友。社区的外国人也深深爱上了这里的生活，在西餐厅、咖啡馆有他们的身影，在路旁拥挤的火锅店、面馆，也能看到他们大快朵颐。

桐梓林境外人员服务中心

2018年，火车南站街道依据《成都市国际化社区建设指标体系》，以首创成都市"国际桐梓林，成都老外街"国际社区品牌为目标，从机制创新、资源整合、文化融合、场景营造、生活服务等方面寻求突破，打造具有成都典范的宜居型国际社区，为境外人士提供来华工作许可、签证办理、教育医疗等"网购式""一站式"全方位贴心服务，构建"欧洲风情街"类海外的生活场景，开展邻里书院、英语角、电影夜等文化交流活动，聘请外籍人士担任社区主任助理，吸纳外籍人士担任社区议事会参事，成立境外人士志愿服务队，形成"一核心、二体系、三中心、四机制、五空间"国际社区发展治理模式，成为全市国际化示范社区建设样板。在桐梓林社区党群服务中心内，还有两位"洋"助理专门为这里的外国人服务，他们叫约翰和陈嘉敬，分别来自美国和马来西亚。桐梓林社区给了外籍友人一个"家"，他们也丝毫不"见外"，参与到社区管理中，戴上红袖套参与巡逻，在各种丰富多彩的社区文化活动中一展风采，写书法、练武术、弹奏乐器……

长寿苑南街

长寿苑南街，起于长寿苑西街，止于中环路火车南站东路段，长192米，宽7米。建成于2000年，2002年命名。

该路隶属长寿苑社区，该社区有十街坊遗址，其东邻科华南路，南邻火车南站东路，西距人民南路南四段约200米，北距二环路南二段约900米。1998年底，成都市统一建设办公室拟在此修建十街坊住宅小区，成都市文物考古研究所在文物勘探中首次发现这一处新石器时代晚期遗址。发掘开始于1998年12月底，1999年4月结束，共发掘古墓葬10余座，面积近1000平方米。发掘收获主要为汉代文化遗存和宝墩文化遗存，文化层主要分布在小区工地西北部一条东北—西南走向的土埂之上，长约100米，宽15～40米。汉代文化遗存以汉代墓葬为主，考古队共清理了11座汉代砖室墓。

位于长寿苑南街的十街坊广场

老人在十街坊广场上休闲娱乐

汉代墓葬是四川地区历代墓葬中随葬器物最丰富的墓葬之一，出土器物非常丰富。这次发掘的墓葬虽均遭不同程度的破坏，但仍出土了不少器物，据质地可分为陶器和铁器两类，另有大量钱币。其中，出土最早钱币均为西汉五铢。关于砖室墓葬的起始时间，过去一般认为砖室墓始于东汉。后来随着田野考古工作的不断深入，又发现了不少新朝王莽时期的砖室墓，但王莽之前是否已有砖室墓一直无法确定。十街坊遗址中汉代墓地的发掘，使考古界充分认为，可以将四川地区砖室墓的起始时间推至王莽之前的西汉时期。

宝墩文化是近年来成都平原新发现的一种新石器时代文化，目前已发现和发掘了几处这一时期的城址。十街坊遗址是成都市区发现的第一处宝墩文化阶段的一般性村落遗址，发掘共发现和清理墓葬19座，均为竖穴土坑墓，没有发现棺椁痕迹，人骨架保存较好。随葬品均为骨器，数量和形制差异较大，年代距今4000年左右。通过对十街坊遗址的发掘，考古队获得了十分珍贵的实物资料。从出土的器物形制、装饰手法和陶质比例看，与宝墩文化的晚期遗物接近。因此，考古专家们认为十街坊遗址是一处宝墩文化晚期遗址。宝墩文化其墓葬仅在宝墩（今成都市新津区宝墩村）、鱼凫（今成都市温江区鱼凫村）、古城（今成都市郫都区古城镇）等几个史前古城址中有零星发现，十街坊宝墩文化墓葬的发现，丰富了宝墩文化的内涵，为宝墩文化研究提供了新的重要实物资料。

新希望路

新希望路，起于二环路南一段，止于长寿路，长916米，宽13米，2000年命名。路名源于著名大型企业新希望集团。

新希望集团有限公司是由著名民营企业家刘永好于1982年发起创立。

新希望集团立足农牧行业并不断开拓新领域，先后进入食品开发、农业科技、地产文旅、医疗健康、金融投资等多个产业。在30余年的发展历程中，新希望集团连续17年位列中国企业500强前茅，创造

位于新希望路的华尔兹广场

新希望大厦（徐仁成　摄）

了显著的社会价值与商业价值。目前，新希望集团已成为以现代农业与食品产业为主导，布局银行、证券、金融科技和基金等多种金融业态，持续关注、投资、运营具有创新能力和成长性的新兴行业的综合性企业集团。

其他街巷

　　火车南站街道除高攀路、桐梓林路、长寿苑南街等特色街巷外，还有科华中路、新光路、航空路等37条街巷。"航空路""航中路""高翔路""长寿路"这一个个路名，是时代发展的见证，是人们对美好生活的向往。这些街巷的基本信息列表如下。

表3　火车南站街道其他街巷基本情况

序号	街巷名称	起点	终点	长度（米）	宽度（米）	命名年份	主要单位或代表建筑
1	科华中路	二环路科华立交	科华南路	1000	30	1997	王府井购物中心、泛悦国际商场
2	新光路	二环路南三段	中环路	1188	7	1996	桐梓林社区党群服务中心
3	长寿路	人民南路四段	新希望路	961	12	2004	
4	长寿南路	新希望路	中环路火车南站东路段	381	12	2002	
5	航空路	人民南路四段	高攀路	1504	14	1998	新希望大厦、丰德国际大厦
6	桐梓林南路	新光路	人民南路四段	919	8	1997	首座酒店
7	桐梓林北路	新光路	人民南路四段	917	14	1997	欧洲风情街、鳍合轩餐厅
8	桐梓林东路	二环路南三段	桐梓林南路	915	12	1997	锦绣花园别墅区
9	桐梓林中路	新光路	人民南路四段	921	7	1997	桐梓林小学

续表

序号	街巷名称	起点	终点	长度（米）	宽度（米）	命名年份	主要单位或代表建筑
10	棕树东街	棕树南街	棕树北街	215	6	2004	火车南站街道办事处
11	棕树南街	棕树西街	长寿路	354	6	2004	
12	棕树西街	新希望路	棕树北街	570	6	2004	
13	棕树北街	航空路	科华中路	146	6	2002	火车南站街道社会事务服务中心
14	长寿苑北街	长寿路	长寿苑东街	227	10	2002	武侯区十二幼儿园
15	长寿苑东街	长寿苑北街	科华南路	241	7	2002	
16	长寿苑西街	长寿南路	长寿苑东街	227	7	2002	长寿路邮政所
17	高远一路	高攀路	高阳路	103	6	2009	BY1906创意工厂
18	高远二路	高阳路	高翔路	90	6	2009	
19	桐叶路	桐梓林南路	中环路火车南站西路段	349	14	2011	
20	桐凤路	桐梓林东路	人民南路四段	429	6	2011	桐梓林社区邻里中心
21	桐喜街	桐梓林路	桐梓林南路	274	7	2011	桐喜幼稚园
22	航中街	航空路	中苑巷	238	6	2011	
23	中苑巷	人民南路四段	新希望路	463	7	2001	
24	航空一巷	飞云一巷	飞云二巷	105	12	2015	首品澳门豆捞
25	航空二巷	二环路南二段	航空路	800	5	2015	
26	高攀西巷	航空路	高攀路	444	6	2002	
27	高翔路	高远一路	长华路	206	10	2009	
28	高翔西路	高攀路	高阳路	309	8	2009	
29	高翔东路	高翔路	中环路高攀东路段	574	10	2009	

续表

序号	街巷名称	起点	终点	长度（米）	宽度（米）	命名年份	主要单位或代表建筑
30	益州大道北段	中环路火车南站西路段	断头路	183	34	2007	凯宴美湖酒店
31	长荣路	科华南路	高攀路	422	12	2009	泛悦国际
32	高阳路	高远一路	高翔西路	385	9	2009	
33	长华路	高攀路	断头路	419	23	2011	
34	飞云一巷	科华中路	飞云二巷	267	6	2015	桂溪加油站
35	飞云二巷	飞云一巷	断头路	147	6	2015	
36	飞云三巷	科华中路	航空路	483	9	2015	
37	步云巷	长华路	高翔东路	509	6	2015	

玉林街道

　　玉林街道位于成都市中心区域的正南面，东起人民南路三段、四段，南止二环路南三段，西止玉林南路、玉林中路、玉林北路、洗面桥街、浆洗街沿线，北起锦江南岸，辖区面积5.24平方千米。1980年，玉林小区建成，属东城区跳伞塔街道管辖；1988年2月，玉林小区从跳伞塔街道划出，成立玉林街道办事处。1990年底，玉林街道划归武侯区管辖。1993年，桂溪乡长寿村二组和永丰乡元通村四组片区划

华西医院全景

归玉林街道管辖。1995年，玉林街道玉林西路片区（现蓓蕾街社区）划归高新区芳草街街道管辖。2007年，小天竺街道管辖的九如村社区、电信路社区、簧门街社区、小天竺街社区的小部分和浆洗街街道管辖的浆洗街社区划归玉林街道管辖。2019年12月30日，玉林街道与跳伞塔街道合并，跳伞塔街道所辖社区全部划归玉林街道管辖。2020年末，辖玉林北路、玉林东路、倪家桥、簧门街、电信路、九如村、新南路、南虹村、棕北、棕南、跳伞塔等11个社区。

玉林街道区位优势明显，紧靠人民南路城市中轴线，是成都老城区和天府新区实现"双核共兴"的重要桥梁和纽带。辖区距离成都双流国际机场仅20分钟车程，地铁1号线、3号线、8号线纵贯全境。锦绣街银杏文化街区是四川省"最美银杏街区"和成都"十大最美银杏街道"。

特色街巷

玉林街

玉林街，起于倪家桥路，止于玉林东路，长593米、宽12米，1988年命名。20世纪90年代初进行扩建，2018年上半年被评为"成都最美街道"。

2017年，赵雷的一首民谣《成都》在大江南北火了。同时火了的，还有曲中的那个"玉林路"。"你会挽着我的衣袖，我会把手揣进裤兜。走到玉林路的尽头，坐在小酒馆的门口。"手挽手的情侣，悠闲自在的生活，这首歌引发了人们对玉林路、小酒馆的向往。严格来说，歌词里的"玉林路"指的是玉林西路，"小酒馆"也是真实存在的，指的是位于玉林西路一个名叫"小酒馆"的酒吧。"小酒馆"开办于1997年初，其创始人唐蕾，一直坚持通过经营酒吧为原创音乐人服务。所以在那里，常常能听到许多优秀的原创音乐作品。

尽管没有"玉林路"，也抵挡不了人们对"玉林"这块地方的向往。成都以"玉林"来命名的道路、街巷近30条，如玉林东路、玉林南路等，这些道路、街巷都集中在以前叫玉林坝的地方，这片区域里的众多街巷就被成都人指代为

玉林四巷

玉林四巷

"玉林"。

玉林坝在改革开放以前一直都是农田，属于得胜公社玉林大队。玉林坝其实应该是御林坝。相传三国时，诸葛亮驻扎羽林军（民间讹传为"御林军"）的军营位于此处。"御林军"一词最早见于元代的话本《三国志评话》，《三国演义》第24回也有御林军编制之述说。后经演绎，不知从何时起，成都"御林"又被讹为"玉林"，并一直流传至今。20世纪末，成都无线电一厂、民航空管局、电子工业部三十所等一批国有单位纷纷在这里修建职工宿舍，成片的新建小区拔地而起。作为成都最早开发的住宅小区——玉林小区，就是在这个时期修建的。

当代著名建筑师刘家琨的工作室就设在玉林小区，他曾评价玉林小区"没有一点豪华，用诗人柏桦的话来说就是'贫穷而坦荡'……但事实上，玉林小区却成了成都最时尚、最休闲，生活状态最成熟的社区之一……这个社区对成都而言相当于苏荷区之于纽约。"的确，修建于20世纪80年代的住宅小区，楼不过几层高，墙面陈旧斑驳，最窄的巷子只有几米宽，在如今的高楼大厦面前显得格外落后。同时，刘家琨认为玉林小区的道路系统和组团规模展示出了它与城市的紧密融合性，因此将其比肩苏荷区。并且，这里酒吧众多、小店林立，夜生活丰富多彩。玉林小区还几乎汇聚了成都所有极具特色的美食，玉林串串香首店就开在这里。这样的"玉林"充满了生活气息，对成都人来讲，有着非同寻常的吸引力。

2017年起，武侯区玉林街道开始实施"花开玉林"工程，将街巷特色与文化特质有机融合，优化调整、合理布局街区景观及设施，在玉林街及其周边街巷通过串联起老院子、小铺子，精心制作雕塑、旧墙和艺术装置来展示历史的诗意，唤醒城市记忆，传承天府文化。

憨态可掬、嬉戏追赶的一群小黄人，粉嫩乖巧、牵着气球的小猪佩奇，愁眉紧锁、苦思爱情的至尊宝……许多电影里的熟悉角色跃然于玉林四巷墙面上，50余米的道路成了成都"网红打卡地"，被誉为成都最美"网红街道"。电影《前任3》曾在玉林四巷附近转角处拍摄，电影里的画面生动形象地被绘制在墙上，这条街又有了新的名字——"爱转角"特色街区。其他街巷也不甘落后，纷纷将美学融入到特色街区打造中。玉林街、玉林南街墙面上以水墨画等形式绘制出朵朵盛开的芙蓉，重现"花重锦官城"的景象；在玉林东街、玉林北街和玉林五巷绘制3D互动式手绘墙面，增强路人的体验；在玉林三巷墙面上手绘电视、自行车等老物件，勾起路人对旧时光的追忆。

"玉林是天府中的一方美玉，都市里的一片芳林，城市间的一块乐土，闹市中的一曲清音。"可以说是对玉林的最高赞誉。

黉门街

黉门街，起于小天竺街，止于浆洗街，长358米，宽18米。

黉门街在华西医院附近，有的人认字认"半边"，都会读成"huangmenjie"。读错这个"黉"字，若是在古代，实在是丢脸。旧时称学宫为"黉"，黉门即学宫大门，有黉门监生（明清时国子监的生员）、黉门客（指秀才、读书人）等名称。古代典籍中多有介绍，如汤显祖《还魂记》："黉门旧是黉门客，蓝袍新作紫袍仙。"李汝珍《镜花缘》："况令郎身入黉门。""身入黉门，天子门生"是多少人梦寐以求的喜事。因此在古代，对于读书人来说，"黉门"就是一个神圣的词语。

说起黉门街名字的由来，不得不提清朝名将——杨遇春（1760—1837年）。杨遇春，崇庆州（今四川省崇州市）武举人，曾官至陕甘总督，历经乾隆、嘉庆、道光三朝，一生经历大小战斗数百次，或陷敌阵，或冒矢石，或冠翎皆碎，或袍袴皆穿，未尝受毫发之伤，人称"福将"。其部每战必张黑旗，时称杨家军。道光年间，战功赫赫的

簧门印象

杨遇春在告老回川之后，在成都南门外受领一座府邸，内有观稼亭等，壮观雅致。

光绪二十九年（1903年），清政府颁布癸卯学制，确立高等专门学堂体制，随之"废科举，兴学堂"的浪潮席卷全国，四川地区自1906年起相继开办了法政学堂、藏文学堂、农业学堂、工业学堂、存古学堂等五大专门学堂。其中存古学堂地址就在簧门街。1910年，杨家子孙将受领的别墅捐办存古学堂，所招学生大多为秀才，所开设的课程基本为经学、史学、词章三科，所招的学生也大多是废科举之前各县的秀才。许多衣着长衫、清秀儒雅的秀才在此地来来往往，时间一久，学堂前的这条小街就被命名为"簧门街"。从此，"簧门"一词为这条街增添了不少书香雅韵。

存古学堂建成之后，四川省有名的神童和奇才谢无量成为首届监督（即校长），刘师培、廖平、宋育仁也先后担任过校长。据邓穆卿《名流谢无量》记载，谢无量担任校长时年仅25岁，"众学子甚轻无量，故意多所问难，殊一经接谈，大为震惊，不意'翩翩一少年'之无量，竟能引经据典、从容解答，其政既博，其议尤精。众始悦服"。一时之间，存古学堂声名大噪，蜀中学人皆以入读为幸。存古学堂培养了不少人才，如蒙文通、陈志学、刘晦愚、杨子敬等均出自门下。

辛亥革命之后，存古学堂曾经被改为国学院，街道也一度更名为国学巷（但现在的国学巷却是单独的一条街，簧门街东口向南即为国学巷）。国学院先后更名为四川国学院、四川公立国学专门学校，1927年改为公立四川大学中国文学院，成为公立四川大学的一个组成部分。1931年，公立四川大学、国立成都大学、国立成都师范大学合并为国立四川大学。

抗战期间，簧门街上还发生过成都很有名的抢米事件。抗战时期，成都聚集了大量外来人口，导致粮食需求不断增加。同时，为筹措前线军粮，政府四处征粮，愈发导致市场上大米紧缺。1940年春，成都平原出现大面积旱情，粮食收成减少，成都米市更是雪上加霜。同时货币贬值，物价上涨，加上国民党官员以及官僚、军阀、地主等纷纷抢购囤积粮食，牟取暴利，致使米价飞速上涨，许多米店空空如也，当地出现了人为"米荒"。人们纷纷传言："已故四川省政府主席刘湘的老婆周玉书，就在南门外簧门街重庆银行仓库里囤积了大量的大米！""其他军阀、官僚也囤积不少。有的已霉烂成块，他们深更半夜把那些霉米偷偷倾倒在府南河里！"

买不到米的老百姓怒火中烧。1940年3月13日下午，愤怒的饥民涌到簧门街米市要求买米，局势无法控制，导致了哄抢大米事件。国民党特务伪装成贫民，秘密监视和引导事件的发展，妄图把抢米事件嫁祸于共产党。他们发现《时事新刊》编辑朱亚凡正在现场采访，就把他作为共产党派来的抢米事件组织者和领导者进行逮捕，并伪造了朱亚凡的口供和中共地下组织关于抢米事件的"秘密文件"，于3月18日枪杀了朱亚凡。此后还查封《新华日报》成都分销处，逮捕了罗世文、车耀先等10余名共产党员。国民党反动派借题发挥，导致成都米荒愈演愈烈，中共中央立刻发表文章，揭露反动派阴谋，在各方压力逼迫下，国民党当局最终同意《新华日报》成都分销处恢复营业，此事才得以平息。

1966年，簧门街改名红专西路。1981年，地名普查时复名。"簧门"一词显示着这条街独具的传统文化魅力。这里还有一所百年小学，即原成都私立弟维小学，这所学校创建于1915年，创办者取美国大教育家杜威的先进教育理念及其译名"弟维"为学校命名。成都解放后，该校曾先后易名为"成都市东城区第五中心小学""成都市红专西路小学"。2019年12月27日，正式恢复校名为成都市弟维小学。2018年1月，由成都传统文化保护协会与玉林街道、黉门街社区共同打造的"黉门街75号"文化聚落开幕，成为成都首个社区众筹文化聚落，包括国学、古琴、书法、绘画、蜡染、竹艺等多种别具特色的文化活动汇聚在此，从此丝竹管弦、笔墨书香不断，更为黉门街增添了浓厚的文化氛围。

国学巷

国学巷，起于黉门街，止于黉门后街，长219米，宽14米。

光绪二十九年（1903年）清政府颁布癸卯学制，确立高等专门学堂体制，随之"废科举，兴学堂"的浪潮席卷全国，四川地区自1906年起相继举办了法政学堂、藏文学堂、农业学堂、工业学堂、存古学堂五大专门学堂。其中于1910年7月20日创立的存古学堂，是五大专门学堂中成立最晚的一个。存古学堂以"研究国学、发扬国粹、沟通古今、切于实用"为宗旨，强调"专以尊孔为主，崇尚道德，期养成高

四川大学华西医院行政楼

尚之学风"。学堂是四川提学使赵启霖在陕甘总督杨遇春后人捐出的成都外南故第上创办。1912年存古学堂更名为四川国学院。位于国学院西侧的国学巷名字因此而来。四川大学华西医院的行政办公楼就位于国学巷37号。

电信路

电信路，起于电信南街，止于国学巷，长712米，宽14米。原来这里是一片农田，1935年德国西门子公司在农田中修建广播电台，作为商业性电台使用。因电

电信路

台大门上绘有"电"字图案作为标记，1938年这段路便得名"电字路"。成都解放后，电信局宿舍落址于此，电字路因此改名为"电信路"，并沿用至今。

1935年，德国西门子公司在成都南郊（今电信路1号附近）修建两座用于广播电台使用的发射铁塔，高近百米，是当时全城最高的建筑物。抗日战争后，这里逐渐发展成一条道路，因为这两座铁塔相距约两百米远，顶端以钢缆相连，构成了无线电的发射接收装置。自此以后，住在华西坝的西方家庭中便出现了成都人从未见过的新鲜事物——收音机。而住在华西坝的孩子们，又多了一个爬发射铁塔的乐趣。

这两座铁塔堪称西南地区最早的中波发射塔，建造质量优良，一直被电信部门使用到20世纪70年代末，2001年，因城市改造被拆除。铁塔的拆除过程算得上惊心动魄。2001年9月26日10点，两座发射塔同时开工进行拆除。每塔由4名工人负责，工人敏捷地爬上塔尖后，对塔

尖进行氧割分解，由于塔尖要保存留作纪念，因此工人切割得非常谨慎。要完美保存长达1米、切割面面积只有约0.6平方米、重约200公斤的塔尖，工人的操作难度可想而知。下面指挥操作的人看得也是胆战心惊。两个发射塔高达百米，爬到塔尖的工人，从下面看起来像半空中的4个小黑点，地面的人根本看不清楚铁塔上的情况。工人只能通过对讲机和地面指挥人员交流，由于百米高空的风力影响，对讲机里只听到"呼呼"的风声，这让地面指挥操作的人感到非常紧张，心都要提到嗓子眼里了。大约40分钟后，塔尖被顺利切割，并在缆线的拉扯下，缓缓降落至地面。自此，这两座全重36吨的铁塔从人们视线里消失了。

电信路边上有一条小巷叫玉华村，曾经，成都市乳品公司就藏身小巷中。成都市乳品公司在20世纪80年代曾是成都市唯一的生奶集中消毒单位，对牛奶消毒采取机械化密闭巴氏消毒法，远在东郊沙河堡附近的成都市东风乳牛场也要将所产的大部分牛奶送往这里进行消毒。这里管理着全市的牛奶配给，被市民称为"奶管部"，这个"奶管部"养活了好几代成都人，是老成都人记忆中最难忘的地方之一。

小天竺街

小天竺街起于大学路，止于黉门街，长326米，宽18米。建成于1951年，1952年命名，2000年左右进行扩建。街内原有小天竺古刹，因此得名小天竺街。

"天竺"是印度的古称，也称"身毒"。佛教界常以释迦牟尼降生之地天竺作为佛寺名。小天竺寺是清代成都城内最有名的园林建筑之一，清代有记述成都园林的《竹枝词》说："堆山匠与花儿匠，到处亭台布置工。除却'鲁园'玉河绕，'小天竺'次'小玲珑'。"据记载寺前还有两株"根盘平地，如龙蛇，如波涛"的大黄葛树，可惜后来寺庙被毁，树也不存了。清乾隆六十年（1795年），浙人王启琨任四川盐茶道使，曾就庙址建浙江公所。1966年改为红专中路，1981年地名普查时复名。

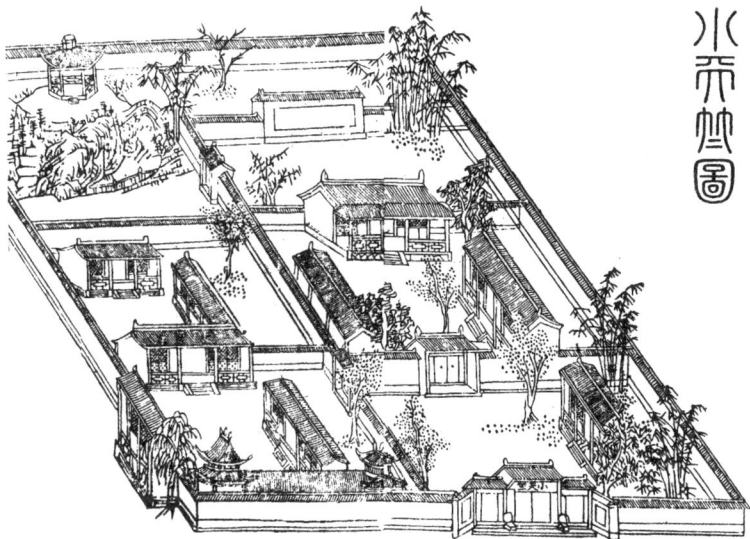

小天竺图（摘自嘉庆《华阳县志》）

　　小天竺街上曾经有一位慈眉善目的洋人接生婆，她就是 Marian Manly，中文名字叫"满秀实"，被称为成都"万婴之母"。满秀实出生于中国，在美国学习临床医学后，到成都存仁医院当皮肤科医生。虽然是名皮肤科医生，但她非常关心中国人的生活疾苦。当时的中国，接生小孩的技术非常落后，方法不科学，也没有消毒措施。每当产妇要临盆时，家人常会选择请接生婆到家接生，而很多接生婆是无医学知识的中老年妇女，也没有受过专门的训练。有时为了让临产妇尽快地把孩子生下来，接生婆还用一些迷信的办法。比如打开产妇家里的柜子、抽屉，说是"开产门"；给产妇喝菜油，认为生得快点；遇到难产，还暴力拖拉婴儿头部等。这些不科学的旧式接生方法，常导致产妇大出血、母子感染，产妇因此重伤甚至死亡。据统计，当时的中国产妇死亡率为15%，婴儿死亡率为25%至30%，比英法美等西方国家高4至5倍。

　　对此，满秀实感到触目惊心，她下定决心要帮助中国西南地区的产妇们。于是，她毅然重返美国，重修妇产科。1931年，获得医学博士学位之后，满秀实立即回到成都，在文庙后街创办了中国西南地区第一所专门培养助产士的学校——进益高级助产职业学校，及其附属医院——进益产科医院。1938年，学校迁到小天竺街187号院，医院有20余个床位，一次可收治20至25个产妇。院子很普通，是一楼一底砖木结构的长方形庭院，绿树环绕，铅灰色屋顶掩映在如盖的绿荫中。庭院中间是一个小天井，四周栽满了满秀实亲手培育的各种花卉，应季而开，姹紫嫣红。整座小院古朴典雅，寂静而温暖。

在满秀实任教期间，平均每月接生婴儿60人左右，学校培养了131名助产士，将现代的接生术引入西南地区，给广大妇女带来了福音。她的成就远远不止于此，她在日常接诊中所表现出的崇高医德，更是让普通百姓铭记一生。进益高级助产职业学校招收的学生大多是历经苦难的贫民女子，其附属医院主要面对的也是普通的平民百姓。在平时的接诊中，满秀实收费极低，甚至还会提供上门接生服务。她富有同情心，不分贫富贵贱，都一样用心对待，对实在贫困的产妇还免费接生。因此，成都南门一带的人提到她都会亲切称她"满医生"。大家甚至对她说的话也毫不怀疑，"满医生说"成为了有些人的口头禅。许多学员在满秀实这里学习医学知识的同时，也获益于她的仁心仁德。其中，比较有名的是后来扬名国际文坛的女作家——韩素音。1938年，韩素音从比利时求学后回到进益产科医院学习。她与满秀实一见如故，志趣相投，并在满秀实的鼓励下，将自己回国后旅途见闻的笔记整理后出版，书名《目的地重庆》，向全世界展示了正在浴血抗战的中国人民。这本书在美国发行后很快就脱销。后来，韩素音在中国香港、马来西亚及新加坡等地行医，也开始以写作蜚声国际文坛。1950年底，满秀实经重庆离境回到美国，进益学校也并入华西大学。这位为成都献出美好青春和智慧的女士，给成都人民留下永恒的美好回忆。

金沙寺街

金沙寺街，起于锦江大桥河岸，止于坛神巷、大悲巷交会口，长100米，宽8米，得名源于附近的金沙寺。

据《华阳县志》记载，金沙寺原名宝莲堂，建于汉唐，曾有高僧经常到此游历，传说所处沙洲随江水消长，即使江水大涨也从未被淹。明嘉靖三十三年（1554年）谷睿所撰《金沙寺碑阴践》云："盖金沙寺寓万里桥之侧，肇自汉唐以来，称之曰宝莲堂。神异高僧恒游于此，逸人墨客览兴于此，诚胜迹也。"金沙寺之所以取名"金沙"，是从佛经中的金沙而来，取《阿含经》中"金沙地下便是金栗如来"而得名。寺前有座桥，叫慈航桥，"慈航"一词源于《万善同归集》中的"架大般若之慈航"一句。金沙寺还曾是成都郊外一处游览胜地，不少文人墨客常在此地游览。民国时期金沙寺部分房屋被改建为金沙寺小学，现寺和学校都已不存。

据传金沙寺曾住过一代名士蒋超。蒋超是明崇祯十年（1637年）进士，康熙年间曾任翰林院修撰、顺天提督学政。史传蒋超之母分娩前夕，其祖母梦见峨眉山僧入宝，倏忽无踪，遂认定此子乃和尚转世。因此，蒋超托病辞官后，并没有回老家江南，而是在峨眉山伏虎寺披剃为僧。康熙十年（1671年）春末，四川总督蔡毓荣主持监修清代第一部《四川总志》，得知鼎鼎大名的蒋超隐居在峨眉山，遂遣人再三邀请他出山参加修志工作。盛情难却，蒋超只好前往成都，并住在金沙寺，参与编纂《四川总志》。这部总志于康熙十二年（1673年）成书刊行，共三十六卷，原刻本现藏于重庆市图书馆。

江洲即河中一片沙洲，也被称作七星滩。之所以叫七星滩，是因为此处位于李冰所建"七星桥"之首的万里桥东，由南河水冲积而成。由于明朝状元杨升庵上京赴试时是从此地出发的，故人们又将此沙滩称作"状元洲"。后来江水改道，此处与南边陆地连成一片。状元洲此处风景胜美。从嘉庆年间的《华阳县志》中流传下来的一幅《金沙寺图》中可以看出，金沙寺布局方正，寺内宽敞，绿树成荫。南河两岸种有翠竹、芦苇、杨柳，远处是阡陌交通、简朴农舍。夕阳西下时，湖面波光粼粼，渔夫不紧不慢划船靠岸。四周炊烟袅袅，一片宁静祥和。这时从金沙寺里传来沉重的晚钟声，声声回荡在这暮色苍茫、空旷寂寥的世界。所以，有人称此景为"状元洲上晚钟沉"，这也成了明清时成都的一大胜景。

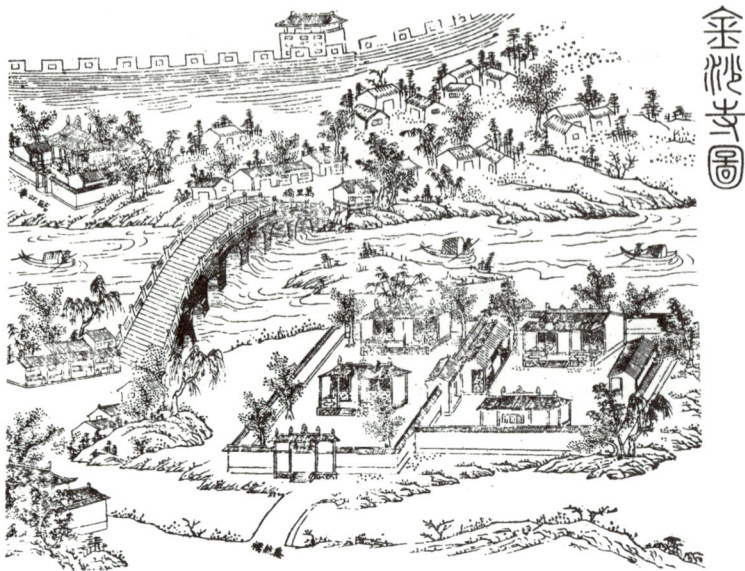

清代金沙寺图（摘自嘉庆《华阳县志》）

桓侯巷

　　桓侯巷，起于簧门后街，止于四川大学华西医院8号门，长140米，宽10米。

　　桓侯巷因巷子东南面原有桓侯庙而得名。桓侯庙俗称张飞庙。古代谥号中，辟土服远、克敬勤民、辟土兼国能成武志、壮以有力等帝王将相，常以"桓"为谥号，张飞死后被追谥"桓侯"。庙内原供有张飞神像，后曾改建为桓侯巷小学，如今庙和小学均已不存。

　　桓侯庙后面有一土坟，自明代开始被误传为张飞墓。民间传说是张飞的衣冠冢。《大明一统志》卷六十七《成都府》记载："张飞墓在万里桥南，飞为帐下张达所杀，持其首奔吴。此特葬其驱身。"《大清一统志·成都府二》（卷二百九十三）也沿袭此说："张飞墓，在华阳县万里桥南"。清末对联高手陈逢元（字桐阶）专为此墓撰写了墓联："君知刘豫州乎，似说生能助臂；身是张翼德也，可怜死不归元。"并刻碑立于墓前，遗憾的是在20世纪70年代被毁。

1985年10月，人们才揭开这座"张飞墓"的面纱，真正了解它的历史真面目。该墓墓门在1966年就被发现，同时被发现的还有"玉恒二年"的年号砖和少量少数民族形象的陶俑。但直到1985年，文管部门才开始考古挖掘。随着大量文物的出土，文管部门正式确定这是一座成汉墓，并认定为东晋成汉賨人李寿、李势统治时期（341—347年）的墓地。賨人是我国古老的一个少数民族，以勇猛彪悍、能歌善舞为主要特点。虽然该墓屡次被盗，但是仍出土了近百件种类丰富的陶器，其中包括人物、动物、乐器和用具等，还有精美的铜皮棺和烧有"玉衡二十四年亲诏书立"字样的特制砖。最引人注目的是陶俑的体型、造像、服饰、姿态和发式等别具特色，突出地反映了古代賨人的民俗习惯。成汉墓的发掘对成汉时期的历史具有重要的研究价值，成都市人民政府于1981年公布为市级文物保护单位。后在冢山正面新建仿汉代墓厥一座。成汉墓至今保存在四川大学华西医院。

成汉墓东南方向有一口放生池，传说是当时修"张飞墓"取土而形成的坑，积水成池。其实该池建造于明成化年间（1465—1487年）。原池面积约4亩，至20世纪60年代仅存2亩大小，80年代由四川医学院（今四川大学华西医院）进行改扩建。放生池东西长60米、南北宽15米，呈蝌蚪形状，水深约1.5米，上有一座三折曲桥横跨水池南北。昔日放生池外，筑有高墙，临街墙上有石刻对联："放手中流随物性；生之者众见天机。"池卜亭榭联文："荷芰夏尤佳，森森漫漫三十亩；龟鱼晓无数，堂堂策策

桓侯巷

百千头。"由联文可以看出，放生池曾经非常宽阔，夏日里可看到"接天莲叶无穷碧"的美景。每年农历初一、十五和佛祖生日那天，善男信女们接踵而至，在此放生鱼龟等，以寄托心中所愿。放生池现已不存，仅留地名。

公行道

公行道

公行道，起于金陵横街，止于电信路，长760米，宽14米，1938年命名，2015年延伸命名。

在原华西协合大学南墙外侧有一条泥土小道，平时行人较少。抗战爆发之后，五大学聚集华西坝，坝上居住的人越来越多，泥土小道渐渐形成了一条街道。孙中山先生最为赞赏《礼记·礼运》中的"大道之行也，天下为公"一句，国民政府机构和官员把"天下为公"作为孙中山先生的遗训加以诚勉。因此，市政当局1938年为这条街道命名时，就取名为公行道，并成为成都第一条以"道"为名的道路。

公行道3号是一座非常不起眼的老院子。斑驳的红砖围墙，狭小的大门，精致的窗棂，宽大的楼廊和周围的建筑风格大相径庭。院子非常安静，院内树木苍翠，粗大的树身，繁茂的枝丫，把院子遮得严严实实，从外面难以窥得院内一二。这里就是中国第一个牙科女博士张琼仙的故居——颐庐。大门侧院墙上有"颐庐"标牌，以中英文写道："公行道上的私家宅院，1940年由张世煜聘请华西协合大学的加拿大建筑总工程师苏道真设计建成。"据史料记载，工程师为苏继贤

（WalterSmall），人称苏木匠。院门墙上刻有戴季陶手书"颐庐"红砂石碑，院内有一幢二层的青砖楼房及一排穿斗房和一个花园。颐者，休养也，恭谦为庐，从院名可以看出户主志趣淡然。张世煜的女儿、中国首位牙科女博士、口腔医学界泰斗张琼仙曾在颐庐居住了73年。张琼仙曾在华西协合大学求学，1934年因学业优秀通过美国纽约州立大学考核，被授予博士学位，成为中国第一个牙科女博士。1936年，张琼仙毕业后留校任教，开始了与"华西医学"长达半个多世纪的厮守。她一生致力于口腔固定修复学的教学、临床医疗和科研工作，见证了华西口腔医院的百年历史，被誉为"华西的传奇"，华西口腔医院的"活字典""活化石"。据张琼仙的大儿子陈正心回忆，1958年"成都会议"期间，朱德、贺龙、聂荣臻等均找张琼仙治过牙病，"心怀天下，节衣爱民"是朱德对张琼仙的赞誉。2016年，颐庐被列为省级文物保护单位，成为成都市的文化地标之一。

民国时期，公行道4号曾为四川省政府主席张群的官邸，是无数军政要人、商界人士等出入的地方。成都解放后，张群的官邸被改作云南驻川办事处（今云川宾馆）。

位于公行道的颐庐

锦绣巷

锦绣巷，起于科院街，止于锦绣街，长183米，宽4米。1994年命名。

在繁华的人民南路和科华北路之间，有一个闹中取静的小巷，是锦苑、绣苑两个居民小区的通道，因而被称为锦绣巷。巷子两旁栽满了银杏树，每两棵树之间距离不过4米，是成都市五城区银杏树栽种最密集的区域。据统计，锦绣巷共有46棵银杏树，高度都在20米以上，树龄90～135岁。每年深秋时节，这里都是成都久负盛名的观赏银杏之地，与白果林小区、电子科技大学校园并称市区三大银杏摄影地，常常游人如织，熙熙攘攘。

银杏是我国土生土长的古树，两亿多年前就已出现，是植物界名副其实的"活化石"。古人曾将银杏奉为神树、作为图腾来崇拜，并在寺庙、道观中广种银杏树，不少地方甚至还保留着上千年的古银杏树。自古以来，银杏因其挺拔的外形和顽强的生命力而受到文人墨客的推崇。流传至今歌咏银杏的诗词最早是司马相如的《上林赋》："上千轫，达连抱，夸条直畅，实叶峻茂。"著名诗人欧阳修、梅尧臣、苏轼、李清照等也都曾写过关于银杏的诗词，比如欧阳修的"鸭脚生江南，名实末相浮。绛囊初入贡，银杏贵中州"等。银杏果俗称白果，不仅是美味佳品，而且是传统中医药材，历代医书多有记载，更增添了人们对银杏的喜爱。

成都国际银杏文化季上辖区老人进行太极展示

成都自然条件优越，银杏树随处可见。据成都市公园城市建设管理局调查，全市现存银杏古树2000余株，上千年树龄的银杏有20余株。其中，最古老的银

深秋的锦绣巷

杏位于青城山天师洞附近，树龄达到2500年。银杏是我国特有树种，有深厚的文化底蕴，1983年5月，成都市正式将银杏树确定为市树，并确定每年农历九月初九为"市树日"。每年金秋时节，在锦里东路、锦绣巷、滨江路等街巷，人民公园、百花潭公园等公园，电子科技大学、四川大学等校园，都能够欣赏到如诗如画的银杏美景。

锦绣巷的银杏在成都算得上首屈一指。每年深秋，银杏叶黄时节，整条街道一眼望去，是无边际的黄色海洋，厚厚的银杏叶铺满整条道路，在阳光的照耀下，金黄色的树叶闪闪发光，层层叠叠的树叶铺满巷道，到处金光灿灿，遍地富丽堂皇，一扫"逢秋悲寂寥"的落寞，给常日阴天的成都送上深深暖意。这样的美景吸引了众多市民观赏游玩，或是用银杏叶在地上堆出喜爱的数字，或是捡拾银杏叶制作书签，或是与纷飞的银杏落叶合影，或是静静地坐在一旁用画笔勾勒银杏的美景，又或是在银杏树下品尝银杏美食。无论怎样，银杏的魅力深深打动着每一个游人。

2010年11月25日，首届成都银杏文化节在锦绣巷开幕，吸引众多游客观赏。自此，锦绣巷声名大噪，成为成都家喻户晓的银杏最佳观赏地之一。此后银杏文化节每年一届。在银杏文化节上，除欣赏美景外还可以参加银杏美食制作、传统文化展、银杏诗会、银杏摄影展、银杏文创作品展等活动，丰富多彩，美不胜收，给锦绣巷增添了浓浓的文化气息。这条巷子与锦绣街一起，因银杏美景多次被评为"成都最美街道"。

小税巷

小税（音tuì）巷，起于簧门街与东端向西约100米处，止于花苑小区边界，长200米，宽8米。

小税巷是一条窄窄的小巷子。它与国学巷相邻，从国学巷拐进小税巷，就像突然从一个世界穿越到另一个世界，一边是熙熙攘攘、人声鼎沸的四川大学华西医院，一边是窄短幽深、少有人迹的僻静巷道，两者相距不远，却是迥异的两个世界。

小税巷的得名与清代名将杨遇春有关。道光十七年（1837年），告老还乡的原陕甘总督杨遇春病逝在成都南门郊外，住在此巷中的杨氏族人因闻讯太迟，不能依照当时大户人家所应当遵循的古礼按时举哀治丧。为表示哀悼，杨氏族人决定按照《礼记·檀弓上》"小功不税，则是远兄弟终无服也"的丧礼规矩为死者治丧。这里的"小功不税"中"税"字音同"蜕"，保留了上古语音，字义也与其相通，指脱去常服，改穿丧服治丧。据《仪礼·丧服》记载，古时治丧者按照与死者亲疏远近穿着丧服，丧服由重到轻依次分为斩衰、齐衰、大功、小功、缌麻五大类，小功属于比较轻的那类。《礼记》里这句话意思是因服丧者听闻丧讯时间已晚，加上与死者关系较疏远，本该以"小功"规矩治丧的便可免除穿丧服治丧。唐杜佑所撰《通典》一书里记载晋朝董勋对此作出的解释："小功、缌麻，在远闻丧，服制已过，但举哀而已，不复追服也。"后

小税巷

人为此取巷名为小税巷。

　　小税巷是一个死胡同，北边可以从小天竺街和簧门街交界处向西约100米的口子进来，南边却没有出去的出口，要想走出小税巷只能原路返回。巷上曾横跨着两座天桥，一座木制，一座石制，廊桥、房顶、窗户一应俱全，两桥建造虽然简朴，但十分结实。据说天桥是修建弟维小学时所建的，因为小巷两边都有小学的教学区，故修建天桥可方便老师和学生来往两边校区。弟维小学始创于1915年，建校者取美国大教育家杜威的先进教育理念及其译名"弟维"，创建了"成都私立弟维小学"。弟维小学在当时的成都学校里面，无论是在校学生人数和教职员工人数，还是占地面积都算得上是规模很大的。后来，天桥随学校改建而被拆除。学校曾先后改名为小天竺街小学、望江区第三中心小学、红专西路小学等，2019年恢复"弟维小学"校名。

　　在小税巷5号院子里，有一个成都老年人的"乌托邦"——"奶奶厨房"。"奶奶厨房"的刘奶奶以前和家人在附近经营一家餐馆时，就以热心、耿直出名。她给年龄大不方便走动的老

刘奶奶与志愿帮厨老人商量厨房事宜

人送饭菜上门；饭点人多，学生赶时间要上课，他们帮忙协调，请不赶时间的人先让学生吃；帮邻居收房租，送他们看病等。后来，因城市拆迁餐馆停业后，刘奶奶回到家里，在自己家里开起了专为空巢老人提供就餐服务的"奶奶厨房"。在这个10多平方米的老房子里面，刘奶奶和几位志愿帮忙的老邻居每天都忙着淘米、洗菜、切肉，准备好热气腾腾的饭菜，为独居的老人们送去温暖。

南台路

南台路，起于大学路，止于新南路，长21米，宽18米。建成于20世纪50年代，因街道西端曾有南台寺而得名。

南台路

此地在宋、明两代皆为别苑，遍种梨树。张献忠攻占成都后驻兵于此，尽伐梨树，在此练兵，因而被称作"御营坝"。清代在御营坝旧址东北部建造了南台寺。据《华阳县志》记载，乾隆四十年（1775年）南台寺内贮藏火药，失火而引爆火药，宏伟的寺庙园林焚毁殆尽，唯有三尊大佛完好如初，次年南台寺重建。南台寺为何会储有火药呢？乾隆年间蜀地名士刘沅撰《南台寺佛像》诗云："成都南关外南台寺，结构宏丽。乾隆间，金酉不靖，王师讨之，寺贮火药。""金酉不靖，王师讨之"说的就是乾隆三十六年（1771年）至乾隆四十一年（1776年）先后两次征剿四川的大、小金川之役。"寺贮火药"，南台寺作为当时成都出南门至康藏的大道附近，地处郊外，临时被征用来贮藏军需物资，也在情理之中。

南台寺重建后，因其环境清幽，成为成都南郊著名的游览胜地。乾隆年间时任四川大邑县令的黄恩锡曾作诗《南台寺》："闻道南台寺，清风满竹林。我游成独往，地回惬幽寻。苍桂双株老，闲花小院深。萧然留客至，茶话就疏阴。"通过清风竹林、苍老双桂、幽深庭院和留客香茗，生动形象地描绘了一幅幽静舒适的寺院风景图。乾隆年间，翰林院大学士张问陶（1764—1814年，号船山，著名诗人、书画家，四川遂宁人）曾于此处雅集群贤，临水赋诗，并绘有《南台寺饮酒图》。图中所画为疏林竹篱，高台横亘，老树掩映，半露一屋，临轩两人，左右对坐，举杯呼饮。这幅画上还有丰富的题画诗，来自张问陶、彭蕙支（字田桥，张问陶好友，丹棱名士）、陈一沺（字竺三，金堂名士）、谢无量（民国著名学者、书法家）等十二人。从清乾隆到民国，蜀地不少名士寄情于此画，用题诗的方式抒发心中感悟，更是为南台寺增添了几分诗情画意。此画因绘图富有特色，题诗丰富，于1949年被原华西大学历史博物馆（今四川大学博物馆）收藏。

光绪三十年（1904年），英美传教士在此购地创办华西协合大学，此后成为家喻户晓的"华西坝"。南台寺后被改建蚕桑讲习所，民国初毁于战乱。1938年，成都市开辟新南门后，在附近修路，命名为南台路。1966年改为红专中路，1981年地名普查时恢复原名。

据说在南台寺附近，曾有一座十分特别的墓葬，墓砌以青条石，立碑"花千骢之墓"（也有说碑名为"点子花将军之墓"），碑上题有"四川提督云南唐泽波敬题"的落款。这是一座罕见的战马墓，纪念的就是唐泽波（即唐友耕）的战马"点子花"。民国周询写的《芙蓉话旧录》里记载，"唐（即唐泽波）有骏马，白质黑章，花骢也"。这匹"点子花"属于典型的川马，体格不高大，但筋骨强悍，具有惊人的脚力，唐泽波曾在校场训练此马，"以两手各握一蹄，向前一推，马前足双蹶，跪不能起也"（摘自《芙蓉话旧录》）。这匹战马一直跟随唐泽波转战驰骋，并在作战时救过唐泽波的命，所以唐泽波对它十分爱惜。"点子花"也被称为"花将军"，在当时四川绿营还曾经有这样的传闻：每临打仗之前，只要"花将军"自动走出马厩，昂首嘶鸣，往往就能打胜仗，反之则败。后来"花将军"老死，唐泽波痛惜不已，就在南台寺附近购置一块林间空地为爱马隆重下葬。但也有人认为，"花将军"墓在唐泽波墓地右侧不远处——即肥猪市一带，那里清末是唐家花园的区域。

坛神巷

坛神巷，起于簧门街小天竺街口，止于大悲巷，长20米，宽5米。

清代，巷南有坛神庙，内供石制坛神一尊。民国初年，取名坛神庙街，民国十四年（1925年）重钉街牌时，庙已拆毁，遂改为坛神巷。

坛神巷

坛神信仰，今已少见，明清时期却是四川地区重要的民间信仰之一。坛神信仰最早于明代出现在鄂西土家族地区，是古代傩文化的体现。明清时期，移民大量涌入，荆楚巫傩信仰进入巴蜀大地，与中原傩文化、巴蜀文化相融合，形成了四川地区的坛神信仰。坛神被认为是驱鬼怪邪恶、保护人畜安宁之神，其具体神灵身份说法不一。据史料记载，最早的坛神形象为"罗公"，明代李实《蜀语》载："坛神名主坛罗公，黑面，手持斧吹角。"清康熙《重庆府涪州志》也载："俗多供坛神，名元坛罗公之神。"相传，罗公曾是一位军事首领，他因有功于民被供奉；也有人认为"罗"与"傩"发音相似，"罗公"可能为"傩公"误传。还有坛神为李冰、赵昱的说法，乾隆《雅州府志·风俗》载："坛神者，秦为太守李冰，宋嘉州刺史赵昱也，昔皆治水有功，故川人世祀之，谓之'庆坛'。"清代以后，随着坛神信仰进一步发展，其神灵形象吸纳了赵侯、五通等巫傩神灵、儒释道三教神灵以及地方神灵等，神灵体系日益庞大。

坛神祭坛一般供奉于家庭堂屋内，与祖宗灵位比邻，但不置于神龛上。祭坛造型简陋独特，非一般常见的坐像，其形态主要有两种，一种为"屋基坛"（又称"呱呱坛"或"蹬蹬坛"），即一上圆下方的小石墩，常置于神龛旁，上有小孔，可插五色小旗；另一种为"篼篼坛"，即一竹制小筐，常挂于神龛旁。两种祭坛皆供有写着坛神身份的坛牌，以及竹编坛枪。祭祀坛神被称为"庆坛"，遵循"一年一庆"或"三年两头庆"的原则。庆坛还有"小庆""大庆"之分，小庆时祭祀活动仅举行一天一夜，大庆则为三天三夜。庆坛仪式通常在坛主家中的堂屋举行，但若坛神设立在街边路旁，或被弃置在荒郊，除某些必要的法事，通常都在寺观庙宇里举行。

据史料记载，祭坛平时禁止儿童、鸡犬践踏，逢年过节，人们祭祀坛神时，要在祭坛前烧香化纸、献祭牲口，部分地区还有割额滴血等神秘仪式。遇有灾疾瘟疫，或为求吉利，人们会邀请端公（四川民间称巫师为"端公"）到家中跳坛，请坛神驱鬼除病。有些巨富之家，每逢喜事或获得丰收后，还会请戏班子表演川剧折子戏，并设宴款待亲朋好友，以酬谢坛神保佑。

清末，成都祭祀坛神习俗盛行，但大多仅有傩祭的表演形式，而无其本质。傅崇矩《成都通览》记载："年终必贺一次，亲族及近邻均送鞭炮香烛，主人每每借以招摇，聚众拈香，多出于此，距省之一百里之简州，其汛署有此神。汛官按年必祭一次，款待乡绅，借以收受财礼。"可见祭祀坛神仪式已有名无实，往往成为地方官绅敛财的工具。

民国以后，成都地区的坛神信仰逐渐消失，坛神巷中庙宇也被拆毁。如今的坛神巷已与其他小巷无异，几座居民楼安静地伫立在道路两旁，仅剩地名延续着百年前坛神的神秘故事。

九如村

九如村，起于一环路南三段，北转西北至电信南路，长261米，宽6米。

九如村

成都解放前，九如村及附近一带都是农田与荒地，成都人将其统称为华西后坝，华西协合大学医院的传染病房曾建立于此，接收治疗一些肺结核患者。抗日战争时期，城内一些居民疏散到此建房，逐渐形成一片新的居民区。最靠近一环路的片区在命名时引经据典，冠以雅称，依照当时实行的保甲制度，取名为"九如甲"。

"九如"之名，源于一篇表示祝福的诗歌《诗经·小雅·天保》，"天保"二字意指上天保佑，全诗共有九个"如"字。其中，第三节"天保定尔，以莫不兴。如山如阜，如冈如陵，如川之方至，以莫不增"有五个"如"字，以山阜、冈陵来比喻天下安定，以大川涨水之猛势来比喻天下兴盛，万物增长，势不可挡；第六节"如月之恒，如日之升。如南山之寿，不骞不崩。如松柏之茂，无不尔或承"有四个"如"字，以上弦之月、东升之日比喻生活蒸蒸日上，以南山不会崩塌来比喻永远长寿，以松柏长青比喻世代相承。九个"如"字，连贯比喻，气势雄浑，富有韵力，寄托着当时人们对安定幸福生活的向往与祝福。"如南山之寿"一句，演化为祝寿词"寿比南山"流传后世。

中华人民共和国成立后，保甲制度被取消，九如甲随之被改名为九如村。1959年，人民南路三段、四段穿四川医学院（今四川大学华西校区）修建完成后，部分城内居民迁移到九如村；随着城市发展，一些企事业单位也陆续在附近兴建。后来街道扩建，人们将一环路南三段到电信南街的这一片区都统称为九如村。因此，九如村居民大致由三部分构成：一部分是本地集中拆迁安置的农转非村民；一部分是来自市区的拆迁户，如金字街、东桂街、桂花街、治平巷、同心上街、浆洗街、庆云北街等地拆迁时搬迁到此地的居民；还有一部分是附近各单位的职工，如四川省核工业地质局、四川省公路局、四川省经济管理干部学院、成都交电公司、肉联厂等宿舍区都位于此处。其中最大的是四川东华机械厂宿舍区，位于一环路的厂区后来改建为东华电脑城。

《诗经·小雅·天保》中的九"如"，表达了古代百姓对君主的热情祝福和殷切期望。新中国成立后，仍沿用"九如"二字为街名，饱含着人民对社会主义事业欣欣向荣的祝福和歌颂，以及对未来美好生活的向往与憧憬。

大学路

大学路，起于小天竺街，止于南台路。因华西协合大学位于此路而得名。2000年左右扩建后长698米，宽8米。

著名诗人、作家流沙河（1931—2019年）心中成都五个地标之一的"华西坝"曾是民国时期成都最"洋气"的地方，外国传教士在这里创办了华西协合大学，华西坝的称呼由此得名。大学路建于1938年，是华西坝上最早建成的一条道路。原来是华西协合大学校园里的一条道路，因华西协合大学没有围墙，即便是校园内道路，任何人都可以自由进出。这条道路梧桐密集，深秋时节，落叶纷

大学路10号

纷，路面铺满金黄色的树叶，灿烂得像一片金色海洋。抗战期间，成都市开辟新南门之后，华西坝愈来愈繁华，华西协合大学中的这条主要道路就发展成了一条街，路名也顺理成章地定为"大学路"。1966年，路名曾被改为红专中路，1981年复名。

大学路和南台路相接处，有个名为"宁村"的建筑。"宁"为南京简称，"宁村"是抗战期间金陵大学在此修建的宿舍，全是茅草屋，半为学生宿舍，半为教工宿舍。金陵大学回迁后，改为华大（原华西协合大学）教师宿舍，中文系教授缪钺曾居于此。1937年"八一三"事变后，金陵大学为保留教育资源，决定内迁到属于大后方地区的华西坝，1937年11月25日，金陵大学师生500余人，分三批，乘坐江轮，从南京下关出发逆流而上，途经汉口，抵达重庆，又从重庆通过陆路到达成都。交通工具简陋，路况欠佳，师生们竟然耗费了3个多月时间，次年3月份才到达成都。同时期来到华西坝的还有金陵女子文理学院、齐鲁大学、燕京大学，他们与华西协合大学一起联合办学，共担困难，开创了五大学联合办学的佳话，铸就了传承至今的"和谐、包容、团结、协作"的华西坝精神。

大学路北，曾有一个广益学舍，所在区域也曾被称作广益坝，大学路正好把当时的华西坝和广益坝分开。广益学舍，又名雅德堂，由英国公谊会捐建，竣工于1925年。曾经是教室和宿舍的结合体，中西式大楼曾为原华西协合大学文学院的教学楼，现是华西幼儿园所在地。陈寅恪、钱穆、吕叔湘、吴宓等都曾在广益学舍的教学楼中授课。陈寅恪是国学大师，被曾任北京大学代理校长的傅斯年评价为"近三百年来第一人"，他曾在广益学舍45号住了一年零九个月，后因而赴美国治疗眼疾而离开了华西坝。华西坝是陈寅恪看到的最后光明，他曾感叹华西坝的美景，并写下"浅草平场广陌通，小渠高柳思无穷。雷奔乍过浮香雾，电笑微闻送晚风"的诗句。

广益学舍有梅花数株，每年冬末春初，蜡梅、白梅、红梅、绿梅等次第开放，幽香袭人。原华西协合大学缪钺教授曾作《念奴娇》词一首，咏赞广益学舍的梅花，词中写道："疏红艳白，倚危崖，曾赏环山千树。匝地胡尘迷海暗，蔓草沾衣多露。灵琐交疏，星槎路断，哀绝江南赋。仙云娇好，除非魂梦相遇。谁料十载栖栖，天涯重见，玉蕊还如故。未许寒风吹便落，轻逐江波流去。月影浮香，霜华侵袂，且共殷勤语。殢人凄怨，待教裁入诗句。"其实，此处的梅花香已飘散了上千年。早在五代时期，这里就曾是后蜀孟昶的宫苑，明代时改名中园。陆游曾在此地醉心赏梅，还写下名句"锦城梅华海，十里香不断。醉帽插花归，银鞍万人看。"

中学路

中学路，起于公行道，止于电信路，长315米，宽5米，得名于民国初期建成的私立华西协合中学校。

华西协合大学创办伊始，为了能够招收到合格学生，就计划兴建附属中学。清宣统元年（1909年），原来分设在城内的几所基督教会中学，包括落虹桥的华英学堂、文庙西街的华美学堂和青龙街的广益学堂全部迁到华西坝，合并为华西协合预备学堂，同华西协合大学一样由五个教会的差会共同出资，当时只有初中，校址在华西协合大学第五教学楼后面。1916年，施卡蒂尔古夫人捐建的两楼一底的新教学楼建成（即原四川教育学院办公楼，2007年被拆除），学堂迁入新楼之后即改名为施卡蒂尔古夫人纪念中学。1925年，改名为私立华西协合中学校，简称为华西协中。校址在今四川教育学院和隔壁部队招待所（在招待所中至今还有华西协中当年的老建筑），占地约百亩。1927年开办高中，分为文、理、师范、农科四科，1932年改为普通高中。1933年停办初中。1935年改名为私立华西协和高级中学（另在大学路开办高琦初中）。这所学校面向全川招生（长期只招男生），师资力量雄厚，是民国时期成都著名的中学之一。抗战期间，华西协中有80多个学生参加青年远征军，人数位列成都各中学第一。解放战争时期，华西协中是成都著名的民主阵地。1949年4月23日，被四川省政府以"长期为奸匪控制""煽动学潮""妨碍戡乱建国"等罪名，下令强行解散。成都解放以后学校恢复，并将高琦初中并入，更名为华西中学。1952年，更名为成都十三中，1954年迁至青龙街。2000年，迁到八里小区，并恢复当年华西中学的旧名，同时又称为电子科技大学附属中学。华西协中原址先是开办成都市小学教师培训班，后来开办了四川教育学院。

著名教育家、巴金的同学与挚友吴先忧（巴金曾经说过，《家》中张惠如的原型就是吴先忧）在华西协合大学读书时即在华西协中兼课，自1930至1944年一直在华西协中工作，先后任文科主任、教务主任。1938年，他出任校长，努力将这所学校办成了全省名校。吴先忧办学有三个特色一直受到后人传颂：这是全成都唯一一所没有围墙、可自由出入的中学；这是一所不强迫学生信教的教会学校，是一所教师可以讲授各种观点与学说的学校；抗战时期，政府要求中学生一律穿麻色制服、打绑腿、扎皮带，男生剃光头，吴先忧认为此举不利于学生发育，也不尊重学生人格，拒不执行，所以当时全市只有华西协中的学生不穿统一制服，不打绑腿，不剃光头。

华西协中开办之时周围还是农田。抗日战争时期，省外人士迁入者益众，形成街道，取此名。

小学路

小学路，起于公行道，止于电信路，长309米，宽7.5米。

小学路是在抗战时期形成的。因为当时的华西坝聚集燕京、齐鲁、金陵等教会大学内迁的教职工，很多子女需要读书，所以成都师范学校附属小学校就在这里开设了一所华西分校。当这里形成街道之后，很自然地就被命名为小学路。

小学路上原来有一座小桥，名为幼幼桥，与之相邻的公行道上一座小桥，则名为老老桥。两座小桥的取名之意来自《孟子·梁惠王上》："老吾老以及人之老，幼吾幼以及人之幼。"

成都解放以后，小学路上没有再办小学。从1952年开始四川医学院的神经精神科的门诊部设在这里（神经精神科门诊部的所在地是抗日战争时期由陈筑山创立的"中西人文研究学会"），后来增挂了"四川大学华西医院心理卫生中心"的牌子。

磨子街·磨子巷

磨子街，起于科华北路，止于锦绣街，长182米，宽9米，1995年命名。磨子街名字由磨子桥老地名派生。与磨子桥相关的地名还有磨子巷。磨子巷起于科华巷，止于磨子街，长344米，宽6米。

磨子桥建于清道光年间（1821—1850年），因桥面刻有磨槽状花纹，故名。说是桥下有水碾，俗呼"磨子"。桥毁于20世纪50年代。仅存地名，沿用至今。

20世纪中期，磨子桥地区由得胜公社管辖，四周都是田地。为响应"教育与生产劳动相结合"的号召，成都市不少中小学组织学生来此下乡体验农耕，学生们自带镰刀等农具参加支农劳动，学习割麦子、割菜等。1977年，得胜公社在磨子桥举行了最后一次学农活动。改革开放后，随着城市建设不断发展，磨子桥一带的农田逐渐变为楼房和工厂，学农活动不再举行。

1983年，磨子桥及跳伞塔一带开始出现一些电脑经营企业。随着电脑市场需求急剧增加，电脑经营行业迅速发展，到20世纪80年代末，各种电脑经营商户达100余家，成都"科技一条街"

磨子巷

雏形基本形成。1992年，跳伞塔和磨子桥的两个十字路口树立起写有"科技一条街"的标志牌，磨子桥逐渐声名大噪，新世纪、百脑汇、东华等各大电脑城分足鼎立，电子、电脑产品卖得如火如荼。

经过多年发展，磨子桥一带成为国内外知名IT、科技企业的聚集地，一度云集上万商家数万从业人员。2015年，磨子桥创新创业街区正式开街，曾闻名全国的成都"科技一条街"转型发展，迈入了一个崭新的发展阶段。

磨子桥创新创业街区

此后，磨子桥创新创业街区引进多家新型孵化机构、创新创业服务机构和项目（团队），通过举办"磨客·行""磨客·隆中队"等系列活动，打造"磨客"系列品牌，并与高校、院所、企业合作，带动武侯区全域创新创业深入推进。磨子桥新经济发展研究院和服务联盟成立，通过举办"磨子桥新经济论坛""成都数字娱乐文化周""中以创客大赛"等活动，做强"磨子桥新经济区"品牌，以磨子桥创新创业街区为代表的创意经济、智能经济、流量经济等新经济已步入快速发展轨道。磨子桥创新创业街区逐渐成为蓉漂创新创业首选之所，以及中国西部地区创新创业新地标，为成都推进社会建设提供强大的技术支持和人才保障，为"双创"发展做出积极贡献。

沧海桑田，物换星移。曾经麦浪翻涌的农田早已消失，如今的磨子桥已从学农之地变身科技高地和"双创"福地。未来，磨子桥创新创业街区将紧扣西部科技中心建设，围绕创新强区战略，做强发展引擎，开启创新创业新征程。

其他街巷

玉林街道除玉林街、黉门街、桓侯巷等特色街巷外，还有倪家桥路、金陵横路、棕竹街等83条街巷。他们和特色街巷一起，构成了玉林街道的阡陌交通，蕴藏了丰富的百业民生和历史文化。这些街巷的基本信息列表如下。

表4　玉林街道其他街巷基本情况

序号	街巷名称	起点	终点	长度（米）	宽度（米）	命名年份	主要单位或代表建筑
1	玉林东路	人南四段	玉林北路	781	9	1988	成都市玉林中学
2	玉林南路	玉林中路	二环路南三段	524	7	1998	
3	玉林东街	人民南路四段	玉林街	430	6	1988	四川省军区成都第十二离职干部休养所
4	玉林南街	倪家桥路与玉林街交会口	二环路南三段	543	9	1988	
5	玉林西街	玉林上横巷	倪家桥路	347	6	1988	玉林派出所、玉林实验幼儿园
6	玉林北街	一环路南三段	玉林东路	425	7	1988	
7	洗面桥东一街	洗面桥街	电信南街与电信后街交会口	250	7	2000	

续表

序号	街巷名称	起点	终点	长度（米）	宽度（米）	命名年份	主要单位或代表建筑
8	洗面桥东二街	洗面桥街	小天北街	145	12	2000	
9	倪家桥路	人南路四段对接领事馆路	玉林南路与玉林中路交会口	848	14	1988	中蓝晨光化工研究设计院
10	玉林北巷	玉林东路	一环路南三段	537	5	1988	成都爱萌幼稚园
11	金陵横路	电信南街	人民南路三段	450	10	2006	成都市武侯计算机实验小学
12	电信南街	小天西街	一环路南三段	888	14	1995	华西医院第二门诊部
13	小天东巷	一环路南三段	小天北街	175	6	2000	
14	小天南巷	天华招待所	小天东街	115	5	2000	
15	玉林横街	玉林街	玉林西街	151	6	1988	邮政文化街
16	玉林横街南巷	玉林横街	倪家桥路	1200	8	1988	
17	玉林横街北巷	玉林上横巷	玉林横街	142	6	1988	玉林老年公寓
18	小天东街	小天北街	一环路南三段	222	18	1998	
19	小天西街	电信南街	一环路南三段	581	12	1998	
20	小天北巷	小天中街	小天西街	154	5	2000	
21	电信后街	电信南街	利民巷	234	9	1995	
22	桓新巷	桓侯巷	浆洗街	32	5	1981	
23	小天中街	小天北街	电信南街	231	5	2000	
24	利民巷	洗面桥街与浆洗街交会口	电信后街	247	6	1995	
25	玉林上横巷	玉林街	玉林中路	377	6	1988	
26	玉林中横巷	玉林中路	玉林西街	400	2.8	1988	成都市玉林小学

续表

序号	街巷名称	起点	终点	长度（米）	宽度（米）	命名年份	主要单位或代表建筑
27	玉林下横巷	玉林西街	玉林九巷	150	4	1988	
28	小天南街	小天西街	小天东街	241	6	2000	
29	小天北街	洗面桥东二街	电信南街	588	12	2000	
30	玉寿巷	玉寿苑	玉洁西街	140	5	1988	
31	黉门后街	国学巷	浆洗街	361	12	—	四川大学华西医院门诊部
32	玉林一巷	玉林东街	玉林东路	278	5	1988	
33	玉林二巷	倪家桥路	玉林东街	243	7	1988	
34	玉林三巷	玉林东路	玉林东街	278	4	1988	玉林东路社区
35	玉林四巷	玉林中路	人民南路四段	270	9	1988	
36	玉林五巷	玉林东路	玉林上横巷	267	5	1988	
37	玉林六巷	小天北街	一环路南三段	193	18	1988	
38	玉林七巷	玉林八巷	断头路	96	4	1988	
39	玉林八巷	玉林上横巷	玉林中横巷	271	4	1988	
40	玉林九巷	玉林中巷	玉林下横巷	100	3	1988	中国工程物理研究院干休所
41	玉林十巷	玉林上横巷	玉林中横巷与玉林九巷交汇处	115	4	1988	
42	金陵路	金陵横路	公行道	325	5	—	金陵客栈
43	玉通巷	玉洁巷	二环路南三段	366	5	1988	
44	玉洁东街	人南四段	玉林南街	2000	20	1988	中国成达工程公司
45	玉洁西街	玉洁巷	玉林南街	687	7	1988	
46	玉华村	公行道	电信路	238	6	—	

续表

序号	街巷名称	起点	终点	长度（米）	宽度（米）	命名年份	主要单位或代表建筑
47	小天西巷	洗面桥东二街	小天西街	374	6	2000	
48	玉洁巷	玉林南路	倪家桥路	230	7	1988	
49	大悲巷	金沙寺街西口	临江西路	25	5	—	
50	玉林西街后巷	倪家桥路	玉林下横巷	50	3	1988	玉林群星学校
51	新南路	复新桥	磨子桥	1214	30	—	成都市旅游集散中心
52	新南支路	断头路	南台路	107	5	—	
53	临江中路	人民南路三段	新南路	856	7	—	
54	胜利村	大学路	林荫中街	657	14	—	
55	胜利新村	胜利村	新南路	246	8	—	四川省机关幼儿园
56	临江路	临江中路	大学路	294	6	—	
57	十七街	大学路	新南路	313	9	—	
58	胜利巷	胜利村	新南路	258	4	—	
59	林荫街	人民南路三段	林荫中街	626	18	1995	四川省地震局
60	林荫一巷	林荫街华西大厦	居民小区	226	10	2015	
61	旅游街	林荫中街	一环路南二段	363	14	—	
62	林荫中街	林荫街	新南路	297	18	1995	成都七中
63	成科路	成科西路	领事馆路	492	5	1989	四川省科技档案馆
64	成科西路	人民南路四段	科院街	486	7	1989	西南技术物理研究所、中国科学院电子研究所、大陆国际写字楼
65	成科西二路	人民南路四段	成科路	246	4	1989	
66	成科北路	一环路南二段	成科西路	451	4	1989	

续表

序号	街巷名称	起点	终点	长度（米）	宽度（米）	命名年份	主要单位或代表建筑
67	科院街	成科西路	锦绣路	471	9	1994	成都市棕北中学
68	领事馆路	人民南路四段	科华北路	465	14	1986	友谊宾馆、鸿川大楼
69	盛隆街	棕树西街	长寿路	542	6	1996	中日友好会馆
70	棕南东街	棕南正街	科华北路	195	7	1998	
71	棕南西街	盛隆街	棕南正街	382	7	1998	
72	棕南正街	锦绣路	二环路南一段	374	6	1998	
73	棕南巷	盛隆街	锦绣路	346	9	2013	
74	锦绣路	人民南路四段	科华北路	478	14	1997	
75	盛德巷	二环路南二段	盛隆街	190	9	2008	
76	竹苑巷	棕竹街	科华北路	177	4	1994	成都市棕北小学
77	棕竹巷	锦绣街	棕竹街	148	4	1994	棕北国际写字楼
78	棕竹街	锦绣街	锦绣路	359	11	1994	成都市棕北小学
79	锦苑巷	科院街	锦绣街	183	7	1994	
80	科华巷	一环路南二段	科华北路	180	5	1994	
81	棕苑巷	锦绣街	科华北路	180	7	1994	
82	锦绣街	锦绣路	磨子街	377	7	1994	
83	科耀巷	科华巷	科华北路32号	130	5	1994	

已消失街巷

南虹路

据《成都城区街名通览》（1992年第1版）记载，南虹路东起新南路与新南门大街接口（对临江东路），西止人民南路三段与锦江大桥接口（对金沙寺街），南侧跨临江路，北侧临锦江，隔岸是滨江公园。南虹路长1348米，宽2～7米。1938年，私立南虹专科艺术学校在此处开办，由此于1941年取路名"南虹路"。

说到南虹路，老成都人记忆最深刻的就是这条路上的南虹游泳池，这个号称成都解放后的第一个公共游泳池，在体育设施匮乏的年代，吸引了无数人关注。据《成都体育年鉴》记载，南虹游泳场建于1938年，占地5610平方米，有50米×15米的标准游泳池和480平方米的儿童游泳池各一个。在没有公共泳池的年代，一到炎热时节，年轻人都会跳进河里游泳，没有泳裤就穿内裤，没有泳衣，就"打光胴胴"。因此，当年的南虹游泳池在成都引起了不小的轰动，当时的人们游泳要男女分开，更未曾见过穿泳衣的女子，这个游泳池一度被看稀奇的人里里外外围了三圈。

据老成都人回忆，南虹游泳池有个绿色的大门，门内有一口四方形的天井，天井旁边搭建了凉棚，夏天的时候，茂密的七里香爬满藤架，遮住了炎炎烈日。从天井东侧，穿过更衣室，便是露天游泳池。游泳池是标准的八泳道，西侧是浅水区，东侧为深水区，设有3米高跳台。水源是用抽水机从锦江取水，江边设有过滤池，内部分层填有棕垫、卵石、砂子作为过滤层。江水过滤后灌入泳池。泳池中的水略有混浊，看不到池底。

20世纪中期，成都市区内的公共游泳池屈指可数，比较大的就是南虹游泳池与猛追湾游泳池。南虹游泳池虽然不比猛追湾游泳池大，但是因为位于大学附近，到这里来游泳的人也不少，特别是体校的学生常在这里学习游泳，有时候也会有游泳的比赛项目在这里进行。游泳池大门外，常有人售卖蛋烘糕和锅盔，旁边还有茶铺可以喝茶、下棋。南虹游泳池经历近70个春秋后，于1993年因城市改造而拆除。

南虹路往南则依次是南虹艺专旧址、浙蓉中学的操场和食堂。南虹艺专是当时有名的一所艺术院校，开设有戏剧、绘画、钢琴、应用艺术等科目，张大千曾在南虹艺术专科学校执教，培养了大量的艺术人才。1950年，南虹艺专并入四川省立艺术专科学校，后更名为成都艺术专科学校。1953年，成都艺术专科学校与西南人民艺术学院合并，成立了四川美术学院的前身——西南美术专科学校。浙蓉中学地处小天竺寺原址，起初修建成浙江会馆，然后开办中学。之所以叫浙蓉中学，是因为学校对浙籍学生有所偏爱，中学设置了免费学额暂行办法，特别是对本校的浙籍学生，除由全浙慈善会补助学费外，还另设了奖学金办法来奖励学生。1952年12月，浙蓉中学由政府接办，先后改名为成都第五初级中学校、成都第二十五初级中学校，今已不存。

如今，在地图上早已没有了南虹路的印迹，取而代之的是临江中路、临江东路。但在林荫街以南、旅游村社区以西保留了以"南虹"命名的南虹村社区，铭记着有关"南虹"的历史点滴。

四维村

四维村，原位于一环路南一段与新南路会合的西北角，西隔新南路与成都七中、西部战区空军礼堂相对。四维村始建于抗战时期，后因城建消失。中国古代以礼、义、廉、耻为治国之四项道德准则，又称"四维"，管子在《管子·牧民》中写道"国有四维，一维绝则倾，二维绝则危，三维绝则覆，四维绝则灭。倾可正也，危可安也，覆可起也，灭不可复措也。何谓四维？一曰礼，二曰义，三曰廉，四曰耻。"康熙皇帝亲作《四维解》，认为"言礼义而并言廉耻，可以警动天下而兴起其为善去恶之心"。孙中山先生设计的中山装，四个口袋就分别代表了"礼义廉耻"。以此为地名主要是为了弘扬中华民族传统道德。

西北路

西北路,原从新南门通向磨子桥,位于成都七中以北。1938年,成都市开辟新南门后,在新南门外陆续修建一些简易房屋,称为新村,新建成的从新南门通向磨子桥的道路位于整个新村片区西北边,从而被命名为"西北路"。1966年,西北路改名为红星南路;1981年又改名为新南路。

红牌楼街道

红牌楼街道位于武侯区中部，东界高新区，南临簇锦、华兴、晋阳街道，西滨清水河，北接浆洗街道，辖区面积6.21平方千米。红牌楼辖区历史悠久，明朝世宗嘉靖年间（1522—1566年），蜀王为方便迎接藏地官员朝贡和汉藏贸易，在成都南郊通藏大道口建成场镇，场镇两端建有牌坊，牌坊和场镇主要建筑按照藏俗均着红色，故场镇和牌坊习称"红牌楼"。1913年，红牌楼场镇一带命名为永丰场，1940年设永丰乡。成都解放后，永丰乡先后由成都市第六区和金牛区管

成都市二环路高架桥上的红牌坊

辖。1990年底，划归武侯区管辖。1995年划出新蓉村、南郊村、元通村的4.5平方千米区域，成立肖家河街道办事处。1996年将新蓉村、新光村和核桃村第一村民小组2.5平方千米区域划归高新区管辖。2004年，永丰乡撤销乡建制，成立红牌楼街道办事处。2007年区划调整，将七道堰社区、广福桥社区、红牌楼北街社区、碧云路社区划归双楠街道管辖。2020年末，辖长城、双丰、竹园、龙爪、太平、龙腾、丽都花园等7个社区。

辖区交通便捷、环境优美，创业环境与人居环境优化，市政建设与城市管网配套完善，医疗机构、学校布局合理，改革开放以来，先后获"中国乡镇之星""全国乡镇百颗星""全国乡镇经济500强"等荣誉。辖区内清水河支渠肖家河、楠杆堰、石灰堰贯流全境；二环路、川藏路、九兴大道、武侯大道、龙腾路纵横穿梭；地铁3号线、7号线、10号线在太平园交会。

特色街巷

红牌楼路

红牌楼路，起于武侯大道双楠段，止于佳灵路，长1018米，宽18米，因古场镇红牌楼而得名。

红牌楼宋元时期为一幺店子（即路边小驿站），明代建红牌楼场镇。在明代，朝廷对西藏地区行政管理主要采取"以藏治藏"措施。为了保持藏区与中央政府的联系，使

红牌楼路

地方官员和宗教首领忠于朝廷，明政府规定：凡受封为"国师"以上的僧俗官员，都有资格派代表团进京朝贡。明政府对来贡者都给予优厚的回赐。因回赐优厚，于是朝贡人数逐年猛增，以至于让朝中"内库黄金，为之罄尽"。向朝廷朝贡的同时，一些藏区的僧俗官员也热衷于向地方番土进贡。成都是云南及康巴等藏区朝贡的必经之地，于是，在明嘉靖年间，成都郊外专门迎接藏区僧俗官员朝贡的红牌楼便应运而生。《华阳县志》云："明嘉靖（1522—1566年）中，蜀（藩）王于此建坊。北人谓'坊'曰'牌楼'，当时藩府亦沿是称，故今俗犹呼'红牌楼'也。"明蜀藩王建坊目的是迎接前来送贡礼、

111

做生意的藏族同胞，故按照藏族风俗习惯将牌坊涂成红色。进入牌楼，两旁皆为红色街面，场中又有一过街红楼；场尾有红恩祠，祠内亦有一排红楼，真可谓"街头红牌坊，通街红楼宇，街尾红恩祠"。因此红牌坊亦被称为红牌楼，它作为红牌楼场镇的标志性建筑及民族和睦、商贸繁荣的象征，雄踞街头，成为一方胜景。走过明代的繁荣时期，红牌楼逐渐走向了衰落，作为红牌楼标志的红牌坊，也不知何年何月因何而坍毁了。民国二年（1913年），当地士绅为祈求五谷丰登，改红牌楼为"永丰场"，但民间仍习称红牌楼。1990年，武侯区成立后，随着城市现代化的加快发展，红牌楼涅槃再生，高档住宅小区、现代化商业楼宇鳞次栉比，历经400多年沧桑的古场镇以崭新的面貌屹立于成都城南。如今不再有"烟簇红楼堪系马，日斜白屋欲啼鸡"的景象，只有新修矗立在二环路高架桥上的红牌坊，见证着武侯日新月异的变迁和发展。

佳灵路

佳灵路，北起二环路西一段与南四段相接处，南至三环路川藏立交北侧，长2700米，宽40米。

佳灵路原名红牌楼路，后因境内著名企业成都佳灵电气有限公司而更名。

佳灵路

成都佳灵电气有限公司，现为四川省佳灵电气有限公司。1986年7月，吴加林先生在四川省洪雅县成立"洪雅电力变频器厂"，开创了国内变频器领域的先河。该厂于1989年搬迁至武侯区，2001年7月改制为"成都佳灵电气制造有限公司"，是一个完全依靠专利专有技术，自筹资金，自主经营发展起来的集科、工、贸为一体的

位于佳灵路的红牌楼广场

高新技术企业。公司主要产品有低压系列变频器（380V—690V）、中压系列变频器（140V—2250V）、高压系列变频器（3kV—10kV）、KA系列电子静止式岸（船）用变频电源、高性能提升传动输送类专用变频器和10兆瓦级大型电机变频试验电源等数百个品种。产品广泛用于国防装备、航空航天、风力发电、机械、石化、矿山等领域，拥有完全自主知识产权。公司产品获国家、省、市奖励50余项，NKB中央空调专用变频器获国家火炬计划立项，"佳灵"JP6C系列变频调速装置被评为"四川省名牌产品"。

龙腾街

龙腾街，起于龙腾正街，止于龙腾中路，长392米，宽7米。建成于2004年，2006年命名。

此街因地处原龙爪村和龙爪堰附近而得名，用"龙"字，并冠以"腾"字，寓意龙腾虎跃之势。因此，附近街道均以"龙欣""龙华""龙安""龙祥"等命名，寓意吉祥。

龙腾街附近的龙爪堰是古百花潭遗址，位于红牌楼街道龙爪社区。《华阳县志》云："明嘉靖三十六年（1557年），蜀藩王于此筑石堰，截堵清水河水，分三股灌田，形似龙爪，故名。"其堰长

龙腾街

40米、宽5米，用石砌成，相传四周悉用铁锭连贯，故历400余年而不毁。堰横亘于清水河上，其一流经杜甫草堂、百花潭，沿城西南古城垣流向九眼桥汇入锦江；其二流经永丰乡、石羊乡、华阳镇汇入锦江。成都解放后，屡修其堰，充分发挥龙爪堰水利工程的灌溉、排洪作用。2000年以后，该堰逐渐失去灌溉功能，主要发挥对清水河的分流排洪作用。2001年，政府相关部门在原龙爪堰堰头下游60米新建一亭，亭上立一碑，碑的正面刻有"百花诗境苑碑记"，正中刻"古百花潭"四个大字，右上为"2001年春立"，左下为"七叟马识途书"。碑的背面由巴蜀著名学者谭继和、祁和晖夫妇撰写碑文："宋代为防洪灌溉在百花潭口做堰……今天龙爪堰实为古之百花潭。"如今，龙爪堰仅存地名而不见遗迹，对于许多老成都人而言，他们还记得一句歌谣"百花潭前双孝祠，冯家花园龙爪堰"，似乎在讲述龙爪堰与古百花潭的渊源。

丽都路

成都"最美街道"之一的丽都路

丽都路上的社会主义核心价值观雕塑

丽都路，起于二环路南四段，止于中环路武阳大道段，长1541米，宽18米。因相邻丽都花园小区而得名。

丽都路毗邻丽都公园，道路宽敞、干净，两侧整整齐排列着高大挺拔的棕榈树，环境优美。道路上车辆摆放秩序井然，沿街店铺规范有序，大街上往来的行人和车辆络绎不绝。道路沿线的标志牌、公交车站牌、景观灯、墙面浮雕、休闲座椅等均以"爱国、敬业、诚信、友善"为主题打造，在彰显武侯特色的同时，也体现了社会主义核心价值观。2018年被评为成都"最美街道"。

鹭岛路

鹭岛路，起于中环路武阳大道段，止于逸都路，长441米，宽21米。因穿鹭岛国际社区而过，2005年得名"鹭岛路"。

鹭岛路步行街自2011年开街以来，街道整洁，四季鲜花盛开，建有五星级公厕；步行街上多次举办各类音乐会与艺术沙龙，文化气息和时尚氛围浓厚。步行街被公认为继锦里、宽窄巷子之后又一张"成都现代商业名片"，并在2017年被评为成都"最美街道"。

鹭岛路

鹭岛路旁的欧式建筑

其他街巷

红牌楼街道除红牌楼路、佳灵路、龙腾街等特色街巷外，还有逸都路、置信路、董家湾路等73条街巷，他们如一根根琴弦，弹奏着这片区域茶马岁月中的人喧马嘶，也谱写着新时代发展的乐章。这些街巷的基本信息列表如下。

表5　红牌楼街道其他街巷基本情况

序号	街巷名称	起点	终点	长度（米）	宽度（米）	命名年份	主要单位或代表建筑
1	逸都路	龙华北路	二环路西一段	841	21	2000	成都伊藤洋华堂
2	龙腾东路	龙欣路	二环路西一段	377	21	2002	中海大厦写字楼
3	龙腾中路	龙华北路	龙欣路	448	21	2002	
4	龙腾西路	晋阳路	龙华北路	447	21	2002	成都蓉城映象丽呈酒店
5	情融路	大华街	置信路	194	21	2000	
6	云影路	置信路	逸都路	324	21	2003	
7	双丰路	栖霞路	武侯大道双楠段	480	21	1997	
8	双丰西路	栖霞路	武侯大道双楠段	522	9	1997	
9	双丰东路	栖霞路	武侯大道双楠段	419	9	1997	
10	双丰中路	中环路武阳大道段	双丰东路	558	9	1997	
11	置信路	龙华北路	二环路	800	12	2000	

续表

序号	街巷名称	起点	终点	长度（米）	宽度（米）	命名年份	主要单位或代表建筑
12	永顺路	中环路武阳大道锦都名座路口	二环路西一段13号路口	1458	18	2005	
13	云霞路	逸都路	武侯大道双楠段	607	21	2003	
14	龙华南路	鹭岛路	栖霞路	432	21	2006	双丰社区居委会
15	龙华北路	龙腾西路	逸都路	783	15	2002	
16	龙欣路	龙腾中路	情融路	249	21	2002	
17	龙祥路	中环路武阳大道段	置信路	476	7	2002	成都市龙祥路小学成都市疾控中心
18	龙安街	中环路武阳大道段	龙华北路	474	9	2002	
19	逸霞街	云霞路	逸都路	364	6	—	成都市棕北中学西区实验学校（中学部）
20	天乐街	龙欣路	逸都路	793	6	2000	
21	栖霞路	中环路武阳大道段	逸霞街	749	22	2003	外双楠农贸市场
22	双安东巷	双安北巷	云霞路	222	5	2002	龙爪社区居委会
23	双安南巷	逸都路	栖霞路	166	6	2002	
24	双安西巷	双安北巷与双安南巷交会口	居民区	79	9	2002	红牌楼派出所
25	双安北巷	逸都路	栖霞路	187	6	2002	龙爪社区卫生服务站
26	长益东一路	长益路	中环路武阳大道段	176	5	2010	
27	长益东二路	长益街	高朋西路	392	6	2010	
28	长益东三路	长益街	高朋西路	392	12	2010	
29	长益西一路	长益路	中环路武阳大道段	195	5	2010	

续表

序号	街巷名称	起点	终点	长度（米）	宽度（米）	命名年份	主要单位或代表建筑
30	长益西二路	核桃堰路	长益街	468	12	2010	
31	长益西三路	核桃堰路	长益街	498	13	2010	
32	云霞西路	双丰东路	云霞路	156	7	2011	
33	云霞东路	云霞路	断头路	200	6	2010	
34	董家湾路	长益路	长益西二路	264	7	2010	
35	董家湾南街	长益路	中环路武阳大道段	736	16	1998	
36	董家湾北街	二环路南四段	长益路	972	9	1998	
37	董家湾中街	董家湾正街	长益路	246	6	1998	
38	长益街	长益路	中环路武阳大道段	746	5	1998	
39	长益路	佳灵路	高朋西路	1077	12	1998	
40	长益北路	长城东三路	长益路	174	17	2010	
41	长城东一路	长城西一路	丽都路	205	9	2010	
42	长城东二路	断头路	丽都路	182	6	2010	
43	长城东三路	断头路	丽都路	208	6	2010	
44	长城西一路	佳灵路	长城东一路	623	9	2010	莱蒙都会商场
45	长城西二路	新马路	长城路	200	12	2010	
46	长城西三路	长秀路	长城路	488	58	2010	
47	长城路	双丰东路	云霞路	156	7	2011	
48	核桃堰路	佳灵路	长益路	988	12	2010	
49	新马路	佳灵路	断头路	605	12	1958	红牌楼社区卫生服务中心、长城社区居委会
50	永盛路	红牌楼路	中环路武阳大道段	957	14	2007	

续表

序号	街巷名称	起点	终点	长度（米）	宽度（米）	命名年份	主要单位或代表建筑
51	永盛街	太平园东一街	断头路	237	7	2010	
52	永盛横街	永盛路	永盛街	220	12	2007	
53	永盛北街	武侯大道双楠段	永盛东街	253	9	2001	
54	永盛南街	永顺东街	佳灵路	781	10	2003	
55	永盛东街	二环路南四段	红牌楼路	520	18	2001	
56	龙腾正街	龙腾中路	龙腾街	763	7	2006	龙腾社区居委会
57	龙腾西街	龙腾正街	龙腾街	280	7	2006	川大附属实验小学（清水河分校）
58	盛世路	盛丰路	佳灵路	1015	12	1998	成都市太平小学
59	长秀路	新马路	长城西三路	701	11	2010	
60	云彩路	逸霞街	云霞东路	180	6	2011	
61	武丰路	武侯大道双楠段	双丰中路	180	25	2011	
62	龙华北巷	龙阳街	龙安街	299	6	2006	
63	长歌巷	丽都路	科园二路	340	6	2016	
64	科园二路	丽都路	长歌巷	207	12	1996	
65	长春路	长城西二路	长益路	520	45	2010	
66	逸虹路	逸都路	武侯大道双楠段	580	35	2011	
67	红牌楼一街	盛丰路	佳灵路	856	9	2007	太平社区居委会
68	红牌楼二街	盛丰路	永盛路	515	9	2007	
69	大华街	龙华北路	二环路西一段	812	9	2002	川大附属实验小学西区
70	永顺街	盛世路	中环路武阳大道段	756	6	2007	
71	龙阳街	龙华北路	逸都路	893	6	2003	
72	盛丰路	中环路武阳大道段	红牌楼路	898	12	2003	
73	佳灵路	二环路	三环路川藏立交	2700	5	2001	红星美凯龙商场

晋阳街道

晋阳街道成立于2000年12月，位于武侯区中北部，东临武阳大道，南毗武侯大道，西抵铁路西环线，北靠清水河，辖区面积3.37平方千米。晋阳辖区原属双流县机投镇管辖，1996年5月，机投镇划归武侯区管辖。2000年12月，将机投镇所辖的沙堰村，晋阳村二、三、四、五、六组，吉福村二、三、四、五、六组划出，成立晋阳街道办

位于晋阳路附近的四川省妇幼保健院

事处。2020年末，辖晋阳、吉福、晋吉、金雁、沙堰等5个社区，主要由成都市早期的商品房红运花园、中央花园、交大花园、名流花园、皇家花园等"五大花园"集中居住小区构成。

2004年，武侯区成立"五大花园"综合整治办公室（简称区五花办），对晋阳辖区以及机投桥、簇锦辖区部分区域基础设施和城市面貌进行整治改造。2020年区五花办撤销，区政府共投入资金数十亿元，实施水电气管网、道路等配套设施改造，大力解决居民吃水难、用电难、出行难、上学难、购物难等问题。目前，辖区道路交通、通信网络、水电气管网等基础设施完善，教育、医疗等各项社会事业全面发展。晋阳路等公路纵横交错，地铁7号线穿境而过，成都市晋阳小学、四川省妇幼保健院、武侯区残疾人综合服务中心、龙湖·金楠天街购物广场等位于辖区。

特色街巷

晋阳路

晋阳路，起于武晋路，止于龙腾中路，长2179米，宽21米。2001年命名，2006年延伸。此地曾是晋阳村所在地，故以此得名。

1981年，双流县进行地名普查时，以境内近杨桥的"近杨"为谐音更名为晋阳村。近杨桥，是机投桥通往成都的必经之地，建于清道光年间，近杨桥以临近杨公桥而得名。

杨公桥，现为阳公桥，位于今武侯区晋阳路中段，横跨楠杆堰，得名于附近的明蜀藩承奉正杨旭墓，今墓已不在。承奉，即承奉司，亲王府宦官机构。承奉正，正六品，是承奉司首领，主要职责就是王府的人事行政，负责管理责罚王府人员。杨公桥何时改称阳公桥，无据可考。

据民国《双流县志》记载，明蜀藩承奉正杨旭墓，在县东北二十五里杨公桥。冢高丈数尺，前石坊一，石碑三，石兽二。碑题《蜀王赐承奉正杨旭忠勤记》曰："弘治癸亥（1503年）春正月，吾藩承奉杨旭偶疾而逝。"杨旭，生于明景泰元年（1450年），字东晖，世家西蜀。碑记简要记载了杨旭的生平：他年幼时聪明好学，读书勤奋且过目不忘。由于才能卓越，

位于晋阳路的龙湖·金楠天街

明蜀定王时就在王府任事，一生兢兢业业，辅佐了明蜀定王、怀王、惠王、昭王等四任蜀王，直至在辅佐昭王的任上突发疾病去世。其中，其辅佐的惠王、昭王是历史上明蜀三位贤王中的两位。据碑题记载，杨旭辅佐蜀惠王时，"阶庭日待，辅导以理，裁务以公"。惠王鉴其劳苦功高，任命其承奉正；辅佐昭王时，"尔乃被肝胆以维持，竭股肱以轸翼，诗书迪我，古今诲我"。因此，杨旭去世后，昭王十分痛心，时常怀念，于是一年后"孟夏月上浣吉日（农历四月上旬吉日）"命人筑冢立碑，亲自题写碑记以示纪念，并要求王府世子和郡王也以官谕（官方通告的形式）在其碑左右刻碑以祭。因而《双流县志》中记载有"石碑三"。明蜀昭王立碑铭记杨旭教诲辅佐之功，也从侧面印证了明蜀王相关典籍记载中所说的"蜀多贤王""蜀府重老尚贤之传统"。杨旭墓已迁至双流区棠湖公园中。

沙堰街

沙堰街，起于金雁路，止于沙堰东街，长956米，宽9米，2001年命名。成都市沙堰小学位于此街。

2019年，晋阳街道推进沙堰街特色街区打造工作。该项目由成都

有百年历史的晋阳小学

棠棣空间营造文化创意有限公司设计方案，四川太平洋城市基础建设工程有限公司负责实施，工程造价为379.9万元。项目从清水河岸与沙堰街交会处起，至沙堰小学车库入口

沙堰里·市井三国

处止。打造内容包括街面区域统一规范商招店招，拆除老旧及安全隐患招牌；人行道路街面增加功能性设施及雕塑小品；修缮、加固街右边三段老旧矮墙及地面区域。其中三段老旧矮墙和地面区域是打造重点：第一段墙长约173米，打造主题为"川西印象图"，着重展示街道曾经的景象街道巷里、渡口、古桥、水磨坊等；第二段墙长约91米，打造主题为"梦境再现图"，着重重现成都老四合院、戏楼等古建，以及历史文化名人作品、本土老一辈手工艺人及当下本土青年艺术家作品；第三段墙长约74米，打造主题为"逝者如斯图"，主要是多角度艺术再现市井文化、童年记忆等。整个文化艺术墙做到一步一景、移步异景，让观者每走一步都有拍照留影的欲望。道路末端现已打造成沙堰里·市井三国文化休闲小游园，成为供市民休闲娱乐，接学家长休憩小坐的理想场所。

吉福南路

吉福南路起于吉福路，止于晋吉南路，长488米，宽12米，2001年命名。晋阳街道办事处和成都市磨子桥小学分校位于此路。

2019年，晋阳街道投入33.85万元，对吉福南路进行特色打造。项目由上海臻祺建筑装饰设计工程有限公司进行方案策划，四川鼎

1314·情漫晋阳

泰汇鑫建设工程有限公司负责实施。街区以"1314·情漫晋阳"为主题,新建文化墙、地面小品、凉亭、漫行步道、"动感单车"、公厕、环卫工人休息室等设施,植绿面积约4200平方米。9月,该项目竣工。当年,吉福南路被评为成都"最美街道"。

其他街巷

晋阳街道除晋阳路、沙堰街与吉福南路等特色街巷外，还有武晋路、金雁路、吉星街等26条街巷，这些街巷或长或短，或宽或窄，但大都属于2000年左右兴建，历史不长。他们无疑是成都城市发展、武侯区域发展的最好见证。其基本信息列表如下。

表6　晋阳街道其他街巷基本情况

序号	街巷名称	起点	终点	长度（米）	宽度（米）	命名年份	主要单位或代表建筑
1	智谷大道吉福路段	武阳大道一段	晋吉北路	323	15	2015	
2	武晋路	晋阳路	武侯大道双楠段	2192	26	2010	
3	金雁路	晋阳路	断头路	1049	10	2001	金雁大厦
4	晋吉南路	胜利桥街	武侯大道双楠段	941	18	2001	华润燃气有限公司
5	晋吉北路	晋阳路	晋吉南路	1301	12	2001	龙湖天街
6	吉星街	吉福南路	武阳大道一段	111	10	2010	成都市卓乐幼稚园
7	沙堰西一街	断头路	沙堰街	456	6	2001	成都武侯益民德医院
8	沙堰西二街	晋阳街	金雁路	598	6	2001	四川省妇幼保健院
9	晋阳巷	晋阳路	断头路	357	6	2001	
10	晋阳街	晋阳路	断头路	4498	9	2001	晋阳商座
11	胜利桥街	武晋路	晋吉南路	294	18	2008	
12	吉福北路	红运街	吉福路	359	12	2001	晋阳社区卫生服务中心

续表

序号	街巷名称	起点	终点	长度（米）	宽度（米）	命名年份	主要单位或代表建筑
13	金楠街	晋阳路	晋吉西一街	337	11	2015	
14	吉顺街	武晋路	晋吉南路	465	12	2001	
15	晋平街	晋阳路	断头路	527	12	2001	晋阳社区党群服务中心
16	晋沙街	晋阳路	沙堰街	558	7	2005	沙堰社区党群服务中心
17	晋康街	晋阳路	晋吉东二街	697	6	2001	
18	沙堰巷	金雁路	沙堰街	190	10	2001	
19	晋吉街	晋吉东二街	吉福南路	467	7	2004	
20	晋吉东一街	晋康街	晋康路	228	7	2001	
21	晋吉东二街	晋康街	吉福北路	509	17	2001	五大花园运动广场
22	晋吉西一街	武晋路	晋吉北路	334	12	2001	成都市晋阳小学
23	晋吉西二街	武晋路	晋康街	314	13	2001	四川大学附属中学西区学校
24	晋吉西三街	武晋路	晋吉北路	277	8	2001	
25	沙堰东街	沙堰街	断头路	762	6	2001	新时代幼儿园
26	红运街	吉福北路	吉福路	563	7	2001	

机投桥街道

　　机投桥街道东临晋阳街道、南接簇锦街道、西抵金花桥街道、北靠青羊区苏坡街道，辖区面积6.97平方千米。机投桥街道由原机投镇更名而来，原属双流县管辖。机投桥街道最早的名字叫瞿上乡，因桑蚕业发达而得名，自东汉以来，即为蜀锦的重要生产地。迨至宋代，双流县历年贡奉皇帝的丝罗、锦绢即采自机投；享誉天下的"九璧锦"就出自古代机投的九璧村。明清时期，因境内有大石，曾改名石陇乡。"机投"广为人知的来由是因为清乾隆十年（1745年）头道河上重修的13孔石桥，桥形状如织布机头，故名"机头桥"；民国三十三年（1944年）成公中学校长夏崝为通江乡乡长题写楹联后，落款"机投夏斧私"，于是人们将"机头"改为"机投"，沿用至今。1989年10月，机投乡撤乡建镇，改为机投镇。1992年10月，机投镇与通江乡合并为通江镇。1996年5月，通江镇管辖的川西营、永康、白佛、陆坝、瓦房等5个村划归金花镇管辖；调整后的通江镇，恢复前名机投镇并划归武侯区管辖。1999年1月，机投桥街道办事处成立。2000年12月，辖区的沙堰村，晋阳村二、三、四、五、六组，吉福村二、三、四、五、六组划出，成立晋阳街道办事处。2010年1月，机投桥街道的九架车村、花龙门村划归金花桥街道管辖；金花桥街道的白佛村划归机投桥街道管辖。2015年，簇桥街道的武新花园小区划归机投桥街道管辖。2020年末，辖万寿桥、半边街、潮音、果堰、机投、白佛等6个社区。

位于机投桥街道的清水河公园

　　辖区交通以武青路、潮音路、永康路、三环路等"三纵一横"为骨架，公共交通便捷，地铁9号线、17号线，以及8路、53路、83路、123路、334路、1041路、1089路等公交线路贯通辖区。

特色街巷

机投正街

机投正街起于草金东路，止于永康路，长471米，宽13米，1996年命名，是机投桥街道最主要的街道。

机投区域在三国时期属瞿上乡，"瞿上"一词专指"蚕丛纵目"，是昔日蜀王蚕丛氏的祠堂。机投东与锦官城相望，南与川西最大的蚕丝集散地簇桥相邻，自东汉以来，就是蜀锦的重要生产地。明曹学佺《蜀中广记》记载曰："游蜀记云：'成都有九璧村，出美锦。岁充贡，宋朝岁输上供等锦帛，转运司给其费而府掌其事'。"这里提到的九璧村便位于古代的机投境内，其生产的"九璧锦"更是

机投正街

位于机投正街的成都西北中学外国语学校

名动天下，广受赞誉。因其位于古代南方丝绸之路，生产的丝织品也通过这条道路远销海外。

抗日战争期间，成都市内频遭日机轰炸，集中在成都南门柳荫街、上池街、染房街、东巷子等地的织造户，为躲避日机轰炸，纷纷迁至机投继续从事生产，使机投的织造业在短时间内迅猛发展，并同时带动了缝纫、刺绣、纽扣等行业的发展。1945年抗战胜利前期，部分织造户迁回成都市内。内战爆发后，机投的织造业逐渐衰败，不复往昔。

机投紧邻锦官城、浣花溪、锦江，文化底蕴深厚。三国时期境内曾建有书台坊，相传曾是诸葛亮接待四方贤士的地方。五代前蜀时，前蜀皇帝王建曾在机投建造皇家花园——梅苑（后称故蜀别苑），每遇梅花盛开，蜀主便率百官群僚，宫眷臣仆，来此赏梅，铺张饮宴，盛极一时。与梅苑相邻的花林坊是宰相韦庄的府邸，韦庄不少优秀的诗词都在花林坊写成，如《菩萨蛮·人人尽说江南好》："人人尽说江南好，人人只合江南老。春水碧于天，画船听雨眠。垆边人似月，皓腕凝霜雪，未老莫还乡，还乡须断肠。"明清时期，因机投境内有大石，还曾改名为石陇乡，蜀人古先民的大石文化遗迹，至今犹存。

至于"瞿上"后来如何改名"机投"，历来有三种说法。

一说境内原来有一古道观名为保国观，唐宋以来一直是成都附近驰名的丛林。观内乔木森森，每当暮云四合，千百乌鸦飞来林中投宿栖身，经年积月，人们把保国观直呼为"鸦投寺"。于是"街头""机头""鸦投"三名并存，延续很长时间。民国时期，"机投""街头"之名互见于地方文献，使用频率最多的则是"机投"二字。

二是在清朝之初，在街的南头新修一座大桥，从兴工到桥成，一直未取名。时日久远，乡民约定俗成将桥呼之为"街头桥"，后讹化为"机投桥"。

第三种说法是清乾隆十年（1745年），街头桥被洪水冲毁，观音寺僧人智广募化重建，在头道河上重新修建了一座13孔石桥，因桥形状如织布机头，故名"机头桥"。桥身结构为柏木料桥筋，青条石桥面，下部青条石用生铁锭衔接，再用糯米浆加石灰粉黏结砌成桥墩，桥墩下用青木料梅花桩打底，净跨每孔13米，桥面宽5米。

民国三十三年（1944年），通江乡乡长、通江哥老会袍哥舵把子李培根，在马家寺西场口外江安河右岸的果园内新建公馆完工，请当时辖区内成公中学校长夏峋（字斧私）为其书写楹联祝贺。夏峋落款"机投夏斧私"，本含讽刺李培根之意。一般百姓不知其用意，认为夏校长乃做学问之人（夏峋系留学生），把"机头"写成"机投"有道理，就跟着把"机头"写成"机投"，沿用至今。

1966年，修草金公路时，为将路拉直，将原桥拆除（1949年底桥仅余5孔，拆除时仅4孔，全长52米）。在离原址下游约30米处的草金公路线上重修一座长17米、宽6米的2孔钢筋混凝土板面桥，仍称机投桥（位于成都西北中学外国语学校大门南侧）。2003年，机投场镇改造，将其改建为单孔钢筋混凝土板面，长28米、宽8米的桥。

与机投相关的街巷除机投正街外，还有机投西街和机投东街。

潮音路

潮音路

潮音路，起于永康路，止于武科东四路，长1307米，宽23米。1999年命名，因位于机投桥潮音村而得名。武侯区法院即位于此路。

位于潮音路的法治文化广场

　　潮音村原有一寺，名叫潮音寺，该寺建于明代，清康熙五十年（1711年）重修，1949年前一直是成都昭觉寺的下庙。20世纪50年代此寺曾为国营示范农场的场部，后为村民住宅，1979年房主拆除旧屋盖起了新房。潮音寺得名，相传有乡人佞佛，梦中屡闻浙江普陀山紫林潮音洞奔涛冲入，音发如潮。民国《双流县志》载："潮音寺，在沿东北二十里，古刹，铁佛。康熙五十年僧行峰重修，乾隆间邑人马贤书额，笔法古劲，士林宝之；又有'不二'两大字，并跋语数十、书迹遒健，并题'幻庵常书'；又有丈雪书楹联，均可宝也。民国己未（1919年）葺治殿宇，始见神像背俱有文字，达摩文曰：'蜀府信官彭洪德，发心铸圣像一尊，诣于圣灯山隐定庵，敬献住持某某，铸匠某某，塑匠某某。时为成化二十二年（1486年）'，神龛背字则为'景泰二年（1451年）'。距今数百年，盖不知何时移于也。"潮音寺曾是昭觉寺下庙，有庙产田300余亩，水碾1座。1949年春，国民政府双流县当局曾于此兴办合作农场。成都解放后，双流县将永福乡李家花园的一个村民小组迁移安置于此，李家花园移交给西南局农场使用，于是潮音寺改作移民农房。随时代变迁，潮音寺不复存在。1981年，双流县地名普查时，将其所在的五大队更名为潮音大队。现为武侯区机投桥街道潮音社区。

万寿桥路

万寿桥路，起于东坡路，止于万华街，长933米，宽17米。2009年命名，2014年延伸命名。辖区著名的清水河公园即位于该路附近。

此地古时有万寿寺和万寿桥。万寿寺修建于明万历年间，清康熙三十八年（1699年）重

万寿桥路

修；万寿桥建于清康熙四十五年（1706年），是一座长约10米、宽约2米的3孔石平桥，因邻万寿寺而取"永固万年"之意，故名万寿桥。

其他街巷

　　机投桥街道除机投正街、潮音路、万寿桥路等特色街巷外，还有武青南路、永康路、万福正街等68条街巷，这些街巷或因产业园区命名，如智谷大道、武科东四路段；或因村名得名，如果堰路、果堰街。与其他街道略有不同，此地道路多以东西南北方位，一二三四五的数字顺序命名。其基本信息列表如下。

表7　机投桥街道其他街巷基本情况

序号	街巷名称	起点	终点	长度（米）	宽度（米）	命名年份
1	智谷大道武科东四路段	三环路西二段	武青南路	498	28	2015
2	武青南路	永康路	武侯大道顺江段	2484	21	1999
3	武青北路	培凤东路	永康路	1606	25	1999
4	永康路	江安河桥	草金立交	3359	21	2005
5	万顺一路	万顺一路	万顺二路	800	13	2011
6	万顺二路	万顺一路	断头路	543	7	2011
7	九金路	断头路	川九路	352	9	2006
8	武青东一路	武青南路	潮音路	468	9	1999
9	武青东二路	武青南路	三环路西二段辅路	932	15	1999
10	武青东三路	武青南路	潮音路	481	8	1999
11	武青东四路	武青西四路	三环路西二段辅路	1045	15	1999
12	武青东五路	武青南路	断头路	230	8	1999
13	武青西一路	业兴北路	武青南路	565	8	1999

续表

序号	街巷名称	起点	终点	长度（米）	宽度（米）	命名年份
14	武青西二路	业兴北路	武青南路	559	14	1999
15	武青西三路	业兴北路	武青南路	519	9	1999
16	武青西四路	武兴五路	武青南路	1707	18	1999
17	武科东二路	武青南路	三环路西一段辅路	1312	21	2002
18	武科东三路	武青南路	武兴一路	950	9	2002
19	机九路	断头路	草金南路	2467	7	1997
20	果丰路	三环路西二段	武草路	488	21	2001
21	果堰路	三环路西二段	武草路	526	21	1999
22	业兴北路	永康路	武青西二路	480	14	1999
23	万福东一街	万福正街	万寿路	101	8	1996
24	万福东二街	万福正街	万寿路	100	8	1996
25	万福东三街	万福正街	万寿路	100	8	1999
26	万福正街	万盛路	机九路	194	8	1999
27	万福西一街	祥和街	万福正街	112	8	1996
28	万福西二街	万康街	万福正街	191	8	1996
29	万福西三街	断头路	万福正街	193	8	1999
30	万寿桥南路	万寿南路	断头路	733	9	2009
31	万华街	万寿南路	晋阳路	829	7	2005
32	九康一路	九康二路	永康路	237	3	2010
33	九康二路	九金街	断头路	285	9	2010
34	九康三路	九康六路	九康四路	155	6	2010
35	九康四路	九康环路	九康三路	661	18	2010
36	九康五路	九康六路	永康路	646	8	2010
37	九康六路	九金街	永康三路	315	9	2010
38	万安正街	武青北路	机投正街	461	10	1996
39	万安北一街	机九路	万安正街	109	10	1996
40	万安北二街	机九路	万安正街	155	10	1996
41	万安北三街	机九路	万安正街	132	10	1996
42	武兴一路	武青东四路	武侯大道顺江段	1451	12	2002

续表

序号	街巷名称	起点	终点	长度（米）	宽度（米）	命名年份
43	武兴二路	武科东四路	武侯大道顺江段	1078	16	2002
44	武兴三路	武青西四路	武科西一路	1277	9	2002
45	武兴四路	武青西四路	武兴路	1559	23	2002
46	武兴五路	武青西四路	武科西一路	1325	13	2002
47	果堰街	果丰路	果盛路	2155	9	2004
48	机投北顺街	草金东路	机投西街	141	10	1996
49	草金南路	机九路	永康路	440	15	—
50	万寿路	万寿西路	机九路	452	15	—
51	万景一路	万顺一路	万顺二路	220	9	—
52	万景二路	万顺一路	断头路	311	18	—
53	祥和街	万盛路	机九路	272	8	1999
54	机投西街	草金南路	机投正街	209	8	1996
55	机投东街	机投正街	草金立交	371	6	1996
56	武顺街	武科东四路	武科东三路	273	11	2013
57	武隆街	武科东三路	武科东二路	250	12	2013
58	万丰路	万寿南路	断头路	333	6	2012
59	万盛路	武青北路	万寿路	534	7	1999
60	草金东路	万寿路	草金立交	431	17	—
61	万康街	断头路	机九路	404	4	—
62	业青路	永康路	武青西三路	480	9	1999
63	万寿西路	武青北路	万寿路	262	13	2005
64	业兴北路	永康路	武青西三路	480	14	1999
65	九康环路	永康路	九金街	1116	6	—

簇锦街道

　　簇锦街道位于武侯区中部，武侯新城核心区域，东与红牌楼街道、华兴街道接壤，南、西与簇桥街道相邻，北与机投桥街道相连，辖区面积7.96平方千米。辖区原属簇桥街道管辖，2007年，武侯区行政区划调整，从簇桥街道划出顺江村、高碑村、铁佛村等3个村，成立簇锦街道办事处，办事处得名于此地原为簇锦古镇区域。2015年，簇桥街道的世豪嘉柏小区划归簇锦街道办事处管辖。2020年末，街道辖高碑、铁佛、顺江、团结、顺和、永兴等6个社区。

成都大悦城全景

簇锦街道路网呈现"三横"（武侯大道、万兴路、川藏路）"五纵"（大悦路、三环路、聚龙路、武侯大道铁佛段、智谷大道）分布格局，地铁3号线、7号线、9号线、10号线，以及近20条公交线路纵贯辖区，交通便利。

特色街巷

铁佛路

铁佛路，起于万虹路，止于百锦路，长850米，宽12米，2010年命名，因附近铁佛寺而得名。

铁佛寺，占地面积3518平方米，建筑面积约5200平方米，主殿高约25米。寺庙始建于宋代，具体年月已无从考证，至今已有800多年历史，初名永兴庵，元末毁于兵灾。

据传，明万历年间（1573—1619年），四川简阳有一位富家小姐出家为尼，带着丫鬟、家仆及家产来到此地，买下永兴庵。后修复永兴庵时，铸铁佛一尊供于正殿，因此更名为"铁佛庵"。据民国《双流县志》记载："铁佛系明万历十三年余成杨铸。"铁佛为坐式释迦

铁佛寺

铁佛路

佛像，坐佛高约1.5米，面部涂金，身着佛饰，神采奕奕。佛座为圆台形，佛像与佛座均用生铁铸成，连为一体，高达丈余，重达数吨，颇为壮观，但明末毁于兵战。

清康熙十三年（1674年），铁佛庵进行重建，建有三重大殿和林园，共占地15亩，山门和大殿均为木结构，歇山式屋顶。佛像20余尊，住房20余间，红墙青瓦，庙貌庄严壮观。

民国十八年（1929年），双流县借占铁佛庵房屋开设县立第六小学。后来庵内部分建筑、佛像被损坏。

1952年2月，铁佛庵佛寺活动停止，铁佛、庙钟等被毁。土地改革后，铁佛庵僧尼释德悟、释圆慈、释明仪、释真宇分到部分庙房、土地，为了生活，师傅们白天与乡民一起耕作，早晚诵经念佛，传诵佛法善念，受到周边居民的崇敬。

1985年，信众捐资维修铁佛庵，将僧尼住房拆除，在原地修建两座经堂；设立神位，从此信众纷纷前来朝拜。铁佛庵山门、大殿，均为穿斗式木结构，两坡悬山，青瓦青砖。山门长10米，进深6米，占地60平方米；大殿长16米，进深7米，占地74平方米，两殿共134平方米。

2006年，经成都市宗教局批准，铁佛庵恢复为佛教固定处所；2007年，铁佛庵更名为"铁佛寺"；2008年铁佛寺开始重建，2010年完成主体建设，2011年完成大殿装修。

与铁佛相关的街巷还有铁佛东路、铁佛西路。

太平园路

太平园路，起于三环路西一段，止于佳灵路，长844米，宽4米。2003年命名，得名于知名度极高的老地名太平园。

如今僻静的太平园路152号伫立着一座建于1938年的旧式两层砖楼，楼分三个单元，整体为砖混结构，青砖青瓦、两面坡屋顶、硬山墙，楼梯、楼板均以柏木制成，楼中曾经有天井、围墙，楼后还有厨房与主楼相接。这座砖楼曾是国民政府空军第三路司令部军官的住房，见证了抗战时期驻蓉中国空军对日作战的历史。

1935年，抗战时期中国空军最高统帅机构——国民政府航空委员会成立，蒋介石任委员长，陈庆云为办公厅主任，下设9个空军大队，后从苏联补充飞机，队伍不断扩大。1937年7月卢沟桥事变爆发后，为便于指挥作战，航空委会员设立空军前敌指挥部，周至柔为总指挥。1938年3月，空军前敌总指挥部撤销，航空委员会再次改组；5月，设空军第一、二、三路司令部，负责指挥各区域空军作战。

1939年1月，航空委员会几经辗转迁至成都，驻东门外沙河堡，成都便成为战时中国空军的最高指挥中心和最大的战略基地。原驻陕西、河南等地的空军第三路司令部、空军第五大队等作战队伍随后移驻成都。

空军第三路司令部统辖豫、鄂、陕、甘、川各省区空军部队，下辖3个轰炸大队、4个驱逐大队、1个侦察中队；管辖3个总站、27个空军站、3所修理工厂、3个修理所、5个油弹库、2个器材库、2个高射炮营、2个机械士队、2个汽车中队，还有测量队、空军医院、仪器修造厂等，分驻成都太平寺、凤凰山等近郊各空军基地。成都成为当时国内最大的空军基地，驻扎了全国空军80%的人力物力。

航空委员会的进驻，使成都成为抗战时期中国空军作战的指挥部与空军大本营。为争夺制空权，削弱中国的抗战力量，日军部署了针对成都的战略轰炸，将太平寺机场与凤凰山机场作为"航空歼灭战阶段"的主要空袭目标。

国民党空军军官宿舍楼——太平园路152号砖楼

　　1938年至1941年，成都多次遭到密集轰炸，空军第三司令部遂指挥驻蓉空军对日作战，击落多架日军飞机，其中最著名的是毙杀日军"轰炸之王"奥田喜久司的"一一·四"空战。1939年11月4日，54架日军飞机从汉口直飞成都，对凤凰山、太平寺、温江等机场实施轰炸。空军第三司令部第三大队驱逐机群，迅即对冲入敌机群展开猛烈攻击，战况十分激烈，击落日军飞机3架。驻华中海军航空队司令官奥田喜久司及大尉细川直三郎、森千代次郎等16人击毙，中国空军损失飞机3架，邓从凯等3人牺牲。

　　1938年至1941年的战斗中，中国空军损伤惨重，飞行员和飞机均已消耗殆尽，无力再应对日军空袭，基本放弃了与日方争夺制空权的战斗。为减少无谓牺牲，保存有限的实力，尽量避免与敌正面交战，成都地区组织空军战斗逐渐减少。1941年后，苏联与美国航空志愿队援助中国，改善了中国空军装备不足、落后的困境，夺回了制空权。

抗战胜利后，空军第三司令部、各空军大队逐渐迁离成都，太平园152号砖楼也人去楼空。1949年后，成都锦江机器厂建立，砖楼改建为职工宿舍，部分厂干部和援华的苏联专家曾在此居住。20世纪60年代，楼顶改为红瓦，后来厨房、天井、围墙均被拆除，仅剩主楼。历经80余载岁月变迁，如今砖楼仍伫立在太平园的角落里，铭记着抗战时期中国空军叱咤长空、血洒苍穹的壮阔历史。主楼现被用作仓库，部分门窗还被改造，这座历经抗战风雨的砖楼亟需加以保护。

与太平园相关的街巷还有太平园横一街、太平园东一街、太平园东二街、太平园东三街、太平园东四街、太平园东五街、太平园中一路、太平园中二路、太平园中三路、太平园中五路、太平园中六路、太平园巷、太平园西路、太平园东路。

大悦路

大悦路，起于武侯大道顺江段，止于云锦路，长1192米，宽15米，因道路周边旅游景点成都大悦城而得名。

成都大悦城

成都大悦城是中粮集团在西部地区打造的首个大型城市综合体，总建筑面积36.9万平方米，其中商业面积16万平方米，总投资约28亿元。2015年10月竣工，12月24日开业。

2016年1月，成都大悦城完成国家AAA级旅游景区创建，定位为国内首个"体验游憩式潮玩购物公园"。景区所有资源都围绕着"JoyCityJoyPark"（快乐城市，快乐公园）的主题形象，从购物、餐饮、娱乐、休闲、文化、创意、体验到建筑布局、景观设计都紧扣"悦"字打造，包含有巨幕影院、真冰场、主题KTV、电玩城、剧场、儿童职业体验、酒吧等特色主力店。景区游览环境干净整洁，设施完备，厕所配备有残疾人专用厕位、第三卫生间，商场设有亲子中心。

其他街巷

簇锦街道除铁佛路、太平园路、大悦路等特色街巷外，还有顺兴路、祥云路、聚福路等50余条街巷，这些街巷大都属于2000年左右兴建，历史不长，但都是成都城市发展、武侯区域发展的最好见证。其基本信息列表如下。

表8　簇锦街道其他街巷基本情况

序号	街巷名称	起点	终点	长度（米）	宽度（米）	命名年份	主要单位或代表建筑
1	顺兴路	武草路	武侯大道顺江段	1040	18	1999	簇锦街道办事处
2	太平园横一街	太平园东五街	太平园东路	1176	6	2008	
3	太平园东一街	中环路武阳大道段	太平园东路	172	5	2008	
4	太平园东二街	中环路武阳大道段	太平园东路	484	14	2008	
5	太平园东三街	中环路武阳大道段	太平园东路	546	18	2008	
6	太平园东四街	中环路武阳大道段	太平园东路	597	6	2008	
7	太平园东五街	中环路武阳大道段	太平园横一街	338	13	2008	
8	祥云路	顺兴路	断头路	1730	19	2010	

续表

序号	街巷名称	起点	终点	长度（米）	宽度（米）	命名年份	主要单位或代表建筑
9	武青南路	武科东三路	武侯大道顺江段	2484	21	1999	广汽丰田
10	双楠大道武兴路段	武青南路与武侯大道铁佛段交会处	武侯区与双流区交界处	1066	50	2007	兆信国际
11	武兴二路	武科东四路	武侯大道顺江段	1078	16	2007	成都食品检验研究院
12	武兴三路	武青西三路	武科西一路	1277	9	2007	
13	武兴四路	武科西二路	武兴路	1559	23	2007	武侯区消防大队
14	智慧大道万兴路段	三环路西一段	武侯大道铁佛段	1181	33	2015	
15	聚龙路	武侯大道顺江段	成双大道北段	3200	15	2007	万达广场、万茂大厦
16	聚福路	武侯大道顺江段	万兴路	689	9	2007	
17	聚贤街	兆景路	万虹路老路	329	12	2007	
18	聚荟街	武侯大道顺江段	千龙路	1040	21	2007	北京第二外国语学院成都附中
19	聚萃街	聚荟街	千龙路	1036	9	2007	
20	百锦路	武侯大道铁佛段	三环路	599	32	2007	
21	千龙路（聚龙路段）	聚龙路	聚萃街	326	15	2007	永兴社区居委会
22	千龙路（铁佛段）	七里路	福景路二段	326	15	2007	
23	兆景路	武侯大道铁佛段	三环路西一段辅路	1615	14	2007	武侯区第五幼儿园、金楠广场

续表

序号	街巷名称	起点	终点	长度（米）	宽度（米）	命名年份	主要单位或代表建筑
24	顺和路	果堰街	三环路西一段	233	21	2005	
25	顺和横街	武侯大道顺江段	顺和路	1149	9	2005	
26	太平园中二路	祥云路	三环路西一段			2009	
27	太平园中三路	大悦路	三环路西一段	455	25	2009	大合仓党群服务中心
28	太平园中四路	祥云路	三环路西一段	1500	15	2015	
29	太平园中五路	祥云路	三环路西一段	799	18	2009	
30	太平园东路	武晋路	太平园东五街	1352	12	2008	
31	武科东一路	武青南路	武兴一路	1077	9	2002	彩虹集团
32	武科西一路	武青南路	断头路	914	9	2007	
33	铁佛东路	铁佛路	福锦路一段	212	6	2010	
34	铁佛西路	武侯大道铁佛段	铁佛路	168	12	2010	
35	星狮路	太平园中六路	断头路	1155	9	2010	星狮集团
36	万虹路	武侯大道铁佛段	三环路	4000	7	2010	
37	云锦路	大悦路	祥云路	223	9	2010	大悦城
38	佳悦路	祥云路	大悦路	1200	15	2010	大悦城
39	武兴街	武科东二路	武科东一路	257	9	2007	
40	星悦路	太平园中六路	大悦路	309	9	2010	成都市龙江路小学祥云分校

续表

序号	街巷名称	起点	终点	长度（米）	宽度（米）	命名年份	主要单位或代表建筑
41	太平园巷	武侯大道双楠段	太平园东四街	350	8	2015	
42	智达一路	双楠大道武兴路段	七里路	312	12	2015	
43	智达二路	七里路	武兴路	577	25	2010	
44	顺和街	顺兴路	三环路西一段	727	9	2005	
45	来凤一路	武侯大道铁佛段	智远大道	400	8	2010	
46	来凤二路	武侯大道铁佛段	智远大道	590	8	2010	
47	来凤三路	武侯大道铁佛段	智远大道	590	30	2010	
48	来凤四路	武侯大道铁佛段	智远大道	564	16—20	2010	
49	来凤五路	武侯大道铁佛段	断头路	211	8	2010	
50	华锦路	百锦路	龙井东路	1100	5	1998	五七〇一厂
51	太平园西路	聚龙路	成双大道北段	1607	5	2008	
52	智勇巷	来凤三路	来凤四路	126	16	2010	

华兴街道

武侯高级中学

　　华兴街道位于武侯区西南面，东邻成都高新区，南接金花桥街道、双流区航空港机场路，西邻簇桥、簇锦街道，北接红牌楼街道，辖区面积9.28平方千米。辖区原属簇桥街道管辖，2007年，武侯区行政区划调整，从簇桥街道划出南桥村、三河村、沈家桥村、文昌村等4个村，成立华兴街道办事处，因20世纪50年代前此地属华兴乡而得名。2010年1月，部分街道区划调整，华兴街道的文昌村划归金花桥街道。2020年末，辖南桥、沈家桥、三河等3个社区。

辖区交通便利，成都双流国际机场快速通道、川藏路、三环路、绕城高速公路、成双大道、武侯大道、文昌路等交通要道经过辖区，地铁3号线、10号线穿境而过，10路、57路、213路、335路等公交线路穿行全域。

辖区内有四川省航空运动学校、四川省运动技术学院、武侯高中、成都市太平寺西区小学等大中小学校，以及中国人民解放军第五七〇一厂、太平寺机场等单位，还有八益家具城、太平园家私广场两个大型家居卖场和多家大规模生产企业。

特色街巷

太平寺路

太平寺路，起于太平寺西路，止于益新大道，长826米，宽8米，2003年命名。因位于路东侧的太平寺机场而得名。

太平寺机场修建于全面抗战时期。抗日战争爆发后，为满足战时需要，南京国民政府航空委员会决定筹建空军军士学校，培养飞行军士。1938年5月，华兴乡太平寺附近3000亩土地被确定用以修建机场，作为空军军士学校的训练基地，并开始修建飞机场和校舍。与此同时，学校筹建处从中央航空学校和中国空军各战斗大队选调一批优秀教官和飞行员，作为师资，举办飞行教官训练班。另外，面向全国开

太平寺机场专用路

展第一期学员的招生工作。经过严苛的筛选，入校的首期学员先后在湖南长沙岳麓山文庙、重庆白市驿镇，开始训练生活。数月后，学校建成，学员们来到位于太平寺的空军军士学校报到，1938年10月1日，学校正式开学。

空军军士学校以为抗战培养优秀飞行员为目的。学校大门口对联写的是"贪生怕死毋入斯校，升官发财勿进此门"，横批"国家至上"。大门两边书校歌歌词："锦城外，簇桥东，壮士飞，山河动，逐电追风征远道，拨云剪雾镇苍穹，一当十，十当百，百当千，艰难不计生死与共，一当十，十当百，百当千，碧血洒瀛海，正气贯长虹。我们是新空军的前卫，我们是新空军的英雄，奋进，奋进，扫荡敌踪保卫祖国的领空，奋进，奋进，粉碎敌巢发扬民族的光荣。"校歌气势宏伟，振奋人心，同样，这里培养的热血青年，个个都立志不惧生死，要杀敌立功报效祖国。

当时空军军士学校的飞行员队伍算是比较"特殊"的一个群体。他们没有独立的番号，不隶属于任何一支空军部队，他们驾驶的战斗机，机身上统一喷涂着"士校"两个字。然而，他们勇往直前，无惧生死，抵抗日军，守护成都的蓝天。

建校不久，就发生了中国空军与日军在蓉城上空的第一次空战。1938年11月8日的成都，阴雨绵绵，上空有雾，并不适合飞行。但日军处心积虑选择了太平寺机场和凤凰山机场作为空袭目标，发动了对成都的攻击。驻守的中国空军部队和空军军士学校闻警而动，立即起飞战机迎敌。在这次战争中，飞行员萧德清重创日军的1架指挥机。之后，他驾驶的飞机也中弹，但他顽强地将这架受伤的战机安全飞回了基地。飞行员黄希宪击伤2架日机后，其驾驶的战机亦中弹受伤，最后迫降于金堂县赵镇境内的一条小河中，

抗战时期修建太平寺机场使用的石磙

飞行员安然无恙。由于中国空军和空军军士学校的有力阻击，日军阴谋炸毁太平寺机场和凤凰山机场的意图未能得逞。此后，空军军士学校曾多次抵抗日军的空袭。1946年，空军军士学校停办，几年间共培养七期1000余名飞行健将，其中杨培光、毛履

坐落在四川省航空运动学校的原太平寺机场地堡

武、邹耀坤参加了1949年开国大典受阅飞行，胡景廉参加了受阅飞行地面指挥。

成都解放后，太平寺机场依然发挥着作用。1953年5月，改为航空运动机场，可开展飞机跳伞、滑翔和航空模型的训练和比赛等。2008年5月12日，汶川大地震发生后，太平寺机场"老骥伏枥"，一架架运输机在这里起起落落，从震区运出伤员，向灾区送去物资。如今，太平寺机场已经成功退役了。当年修建机场时建造的四个地堡中有三个保存至今，北地堡在20世纪70年代因道路改建而被拆除。剩余的三个地堡，西地堡仅余基本轮廓和一个瞭望孔；南地堡已经成为民居；保存最好的东地堡位于四川省航空运动学校内，学校为地堡树立了石碑，在周围修建花台，并完好保存了修建机场时用的石碾，石碾上"太平寺机场工程处"等字样依稀可辨。

南桥一路

南桥一路，起于华泰四路，止于无名路，长253米，宽7米。2009年命名，因武侯南桥而得名。

武侯南桥位于老川藏路与南桥河交会处，横跨南桥河，建于清康熙初年（约1677年），为南方丝绸之路上的著名石桥之一。据清嘉庆《双流县志》记载："南桥，治东二十五里，乾隆二十三年（1758

南桥一路

年）重修。"又载："双流县设铺递（古时传送文书、军情的传递站，相当于现在的邮局）四个：南林铺（县南十里处）、县前铺（县东街）、金花铺（金花桥）、南桥铺（南桥），每铺设司兵四人，马四匹，支银六两。"古南桥为优质青石所造石拱桥，到拆除时桥面无车轨之迹，桥南头还有拴马桩。枯水季节，拱顶距河面5米左右，跨度3米，桥宽5米。据传，在桥右30多米外原建有高约5米的牌坊，上面长有一棵灵芝草。民国九年（1920年），牌坊被拆毁。桥西侧于嘉庆十二年（1807年）建川主庙一座，供奉李冰父子塑像，今俱不存。

1927年，国民政府为方便四川与康藏地区的贸易交往，改建成康马路（今川藏公路），利用原桥石磴将该桥改造为三孔石拱桥，宽一丈五（约5米）、长五丈（约17米）。20世纪50年代和70年代，地方政府曾两次对南桥进行改建，改建后的南桥宽17米、长14.5米，为一墩两洞石平桥，桥两侧立有青石栏杆，成为川藏公路必经要道。20世纪90年代，川藏公路改道绕簇桥场镇而过，该桥仍为高碑村、南桥村等村庄至簇桥场镇的主要通道。南桥现为两洞平桥，桥面为沥青路面，两侧栏有石柱各14根。

与南桥相关的街道还有南桥二路、南桥三路、南桥四路。

其他街巷

华兴街道除太平寺路、南桥一路等特色街巷外，还有文昌路、文盛路、正兴路等16条街巷，他们通过东南西北方位、一二三四五的数字进行命名，形成太平寺东路、太平寺西路、南桥二路、南桥三路等路。其基本信息列表如下。

表9 华兴街道其他街巷基本情况

序号	街巷名称	起点	终点	长度（米）	宽度（米）	命名年份	主要单位或代表建筑
1	文昌路	成双大道中段	机场路近都段	2475	28	1998	
2	文盛路	福锦路二段	沈家桥三组路	734	13	1998	武侯高中
3	科韵路	科园南路	断头路	531	9	2014	
4	南桥二路	佳灵路	华泰四路	786	6	2009	
5	南桥三路	华泰四路	无名路	181	9	2009	
6	南桥四路	三环路南五段	南桥三路	635	13	2009	
7	华泰四路	三环路南五段	南桥三路	635	13	2009	
8	华泰五路	南桥一路	南桥三路	516	18	2009	
9	太平寺东路	太平寺路	火车南站西路	1265	6	2003	
10	太平寺西路	围机路	太平寺路	1398	6	2003	
11	簇桥上街	成双大道北段	文盛路	629	9	2003	
12	簇桥后街	文盛路	成双大道北段	791	9	2003	

续表

序号	街巷名称	起点	终点	长度（米）	宽度（米）	命名年份	主要单位或代表建筑
13	华烨路	成双大道北段	华烨路支路	734	6	2003	五七〇一工厂
14	水厂路	红簇路	鸡公堰排洪渠	410	6	2007	
15	五桂路	成双大道北段	鸡公堰排洪渠	460	6	2003	
16	正兴路	华兴培培幼儿园	武侯高级中学	426	4	2007	

簇桥街道

  簇桥街道位于武侯区西南部，东邻华兴街道，北接簇锦街道，西、南与金花桥街道接壤，辖区面积6.83平方千米。簇桥因古簇桥而得名，历史上曾为南方丝绸之路的起点重镇，栽桑、养蚕和丝绸生产交易闻名遐迩，所产"蜀锦"为中国四大名锦之一，唐宋时期成为"贡锦"。民国二年（1913年）设镇，属双流县管辖。民国七年（1918年），簇桥丝帮帮主李昆山开办成都第一家以钱庄命名的金融机构——信成钱庄；抗日战争时期，受当地奸商操控、洋货冲击影响，丝织业日益萎缩；1950年后，养蚕业萎缩，丝绸业终结。1958年，改为簇桥公社，1959年，划归成都市郊区管辖。20世纪70年代，养蚕生产停止。簇桥曾为沼气之乡，1973年，试办沼气并推广；1979年8月，联合国环境规划署和国务院环境保护办公室在簇桥公社五大队（今华兴街道南桥社区）举办沼气讲习班，印度、朝鲜、埃及等22个国家的学员参加学习；1980年7月，邓小平专程前往簇桥视察沼气建设情况。1984年，改公社为乡。1990年底，簇桥乡由金牛区划归武侯区管辖。1996年，簇桥乡殷家林村划归高新区管辖。2004年，簇桥撤销乡建制，实行簇桥街道办事处管理体制。2010年1月，马家河村、凉水井村、新苗村划归金花桥街道管辖；金花桥街道的七里村、瓦房村、双凤村划归簇桥街道管辖。2015年，武新花园小区划归机投桥街道管辖，世豪嘉柏小区划归簇锦街道管辖。2020年末，辖龙井、七里、双凤、新城、锦城等5个社区。

  簇桥街道地处西三环路、四环路西段之间，武侯大道铁佛段、福

武侯大道铁佛段317号欧尚超市

锦路一二段、簇锦南北路、七里大道、货运大道等贯穿其中，地铁3号线、9号线、10号线以及10路、41路、151路、201路、338路、1078路等公交线路通行辖区。

辖区有千盛生活广场、上凤港时代广场、欧尚旗舰店和金凤皮草精品特色街区等商业体，其中亚洲最大欧尚单体旗舰店面积达5万平方米。

特色街巷

簇桥中街

簇桥中街，起于文盛路口，止于簇锦南路，长570米，宽22米。由簇桥古镇得名而来。

簇桥，自古以来就是西通康藏、南接滇缅的南古丝绸之路上的第一座咽喉重镇，始建于三国时期，距今已有两千多年。历史上，簇桥的栽桑养蚕丝绸织造业十分发达，故其名称的由来与蚕桑丝绸有关。

簇桥曾出土一件名为"水陆攻战铜壶"的文物，系战国时所造。铜壶上有精美的采桑图，图上所反映的内容是在树木繁茂的桑园，一群婀娜多姿、身着长裙、梳着长辫的少女和挽着高髻的妇女，忙着采摘桑叶。有的攀树采摘，有的站在树下用长竿作钩摘状，有的手挽竹篮、头顶筐篮待运采摘的桑叶，还有的在树下击鼓歌唱，翩翩起舞助兴，可见战国时期簇桥地区栽桑养蚕之兴盛。

自战国时李冰父子治水后，地处成都平原腹心地带的簇桥境域内自流灌溉水系逐渐发达，旱涝自控，土地肥沃，盛产毛竹、苎麻、蚕桑、药材等作物，栽桑养蚕业更是日益发达。相传，秦汉时期，簇桥地区有一条奔腾的河流，人们按照筏人捆扎竹索的方式，在河上修建了一座桥，称为

簇桥中街

簇桥中街

"筝桥"。后来，当地人将这一地区也命名为"筝桥"。

秦汉以后，随着南方、西北、海上丝绸之路的拓展畅通，为满足国内外市场不断增长的丝绸贸易需求，成都锦官城蜀锦生产不断向郊外扩展转移，处于南方丝绸之路要道的簇桥、机投等场镇，便从栽桑养蚕之乡发展成集丝织锦之镇。东汉时期，簇桥地区已成为本地及成都周边蚕丝集散地，曾与锦城成都齐名，有小成都之称。《华阳县志》记载："每新丝熟时，乡人鬻茧，及商贩贸易者麇集，官为征税，岁额常数万金。"蜀锦的绣制品图案非常多，常见的有挂在祝寿台上的"八洞神仙"，祝贺孩子满月用的"麒麟送子"，被面上的"龙凤呈祥""鲤鱼戏水""喜鹊闹梅""池塘荷花""桃李芬芳""石榴花开"等。

唐宋时期，成都桑蚕、丝织业均达到鼎盛，簇桥地区形成了桑蚕及丝绸的专营交易大市，人们也因此将"筝桥"称为"蔟桥"（称"茧桥"）。专门贩运蚕丝的商贩在温江、简州、丹棱等州县收购蚕丝，而后集中转销于簇桥大市。唐代诗人王建在《簇蚕辞》诗中用"新妇拜簇愿茧稠，女酒桃浆男打鼓"的诗句描写了簇桥多养蚕的境况。宋时，簇桥蚕市最盛，簇桥蚕丝所制蜀锦成为向朝廷的贡锦。

明惠帝建文年间（1399—1402年），"筝桥"被改建为5孔石拱桥，桥梁跨度达30米，下可行船，改桥名为簇锦桥，简称簇桥。簇锦的"簇"在古代有蚕蔟之义，蚕蔟多用油菜秆、麦秆等扎成，供蚕吐丝做茧之用，印证了簇桥地区为桑蚕之乡并非虚传。

与簇桥相关的街道还有簇桥上街、簇桥中街、簇桥下街、簇桥后街等街巷。

望锦西街

望锦西街起于望锦中街，止于成双大道，长400米，宽24米。康熙初年，簇桥场镇修建了一座石拱桥，取名"望锦桥"，今簇桥街道的望锦横街、望锦东街、望锦中街等含有"望锦"二字的地名，均得名于此桥。

望锦中的"锦"为蜀锦，系中国四大名锦之一。锦官城、锦城、锦里、锦江皆因蜀锦而得名。西晋文学家左思在《蜀都赋》中描绘和赞誉了成都锦官城的织锦盛况："阛阓之里，伎巧之家。百室离房，机杼相和。贝锦斐成，濯色江波。黄润比筒，籯金所过。"蜀锦的发展带动了南方丝绸之路的形成和一些养蚕织锦及丝绸贸易城镇以及街巷的建设。

乾隆时期，清政府曾在簇桥设劝业道，尤重蚕事。当时簇桥的丝绸业生产、加工经营户最多时达到300余家，从业工匠达到五六千人，主要生产水丝、黄丝、白丝等品种，后逐步转为重点生产和交易生丝。

民国二年（1913年），簇桥设镇，因桑蚕丝绸交易兴旺繁荣，簇桥场镇规模、面貌和民众生活水平都远在周边其他场镇之上。

得益于桑蚕业的兴旺和丝织业的繁荣，簇桥场镇上出现了不少丝店，其中著名的丝店有恒丰店、泰安店、泰顺店、泰兴店、恒泰店等5家。除不少省内的商人前来交易丝绸外，一些来自广东、江西、陕西、湖北等地的外地丝商也来此经营，在簇桥陆续建湖广馆（又名禹王宫）、广东馆（又名南华宫）、江西馆（又名万寿宫）、陕西馆

望锦西街

163

望锦横街上的茶馆（罗伊 摄）

（又名帝祖宫）等会馆。同时，还成立了不少丝绸业商会和同业公会，至民国三十三年（1944年），簇桥丝绸同业公会发展到14个，较有特色和影响的是太阳会和机神会。每年农历九月九日，簇桥织锦业商会和同业公会都要举办隆重的祭祀机神嫘祖的活动，并在万年台上演川戏，设宴招待会员，联谊同乡商友，以增进乡情和行业友情。

为方便经营，簇桥丝帮帮主李昆山曾创立成都第一家以钱庄命名的金融机构——信成钱庄。国民党当局还在场镇上设立统捐局，以便强行征税。

20世纪初，世界经济危机和日本侵华战争爆发，以蜀锦为代表的四川纺织品出口大受影响，大量的蜀锦及丝织品积压国内。同时，由于国内军阀连年战争，物价飞涨，民众消费大受影响，成都乃至全川的缫丝工厂和作坊、织锦房生产力下降，甚至关闭，蚕农收获的蚕茧和加工的生丝无人收购。簇桥桑蚕和丝织业同样也受到严重影响，当时，簇桥场镇上虽然还有11家丝绸店和5家丝栈，外省客商在此设立的6家会馆，仍接待着南来北往的商人，但已不见昔日的昌盛。蚕丝经营户也从乾隆时期的300多户，减少到100多户。

抗日战争时期，虽然国民政府号召民众恢复和发展蚕丝生产，但由于蚕丝产地被奸商、劣绅和军阀操控，加上战争的影响，生产仍然乏力。1938年初，为抗击日本帝国主义对华侵略，国民政府在簇桥场镇及附近的华兴乡征用大量良田修建了太平寺机场。随着机场的修建，为方便飞机的维护和修理，国民党当局在簇桥建成一家飞机修配厂和空军通讯学校。

解放战争时期，成都地区的产业畸形发展，军阀、地主、豪绅相互勾结，投机倒把活动猖獗，市场混乱、民不聊生。大量工厂倒闭破产，行业人员大量失业。成都地区久负盛名的丝绸业趋于凋零，90%以上的织机停产、机房倒闭。簇桥的蚕丝及织品陷入严重的困境，产销极不景气，到成都解放前夕，已出现严重的颓势。

20世纪50年代后，簇桥逐渐停止了种桑养蚕和丝绸生产。

如今，千年古镇换新颜，曾经的簇桥场镇现已分为簇桥、簇锦、华兴三个街道，簇桥两千余年的桑蚕织锦业发展历史，将随同南方丝绸之路的辉煌历程永载史册，成为簇桥地区乃至成都市珍贵的历史文化记忆。

木鱼庙街

木鱼庙街，起于福锦路二段，止于簇桥中街，长210米，宽6米，由木鱼庙得名而来。

木鱼庙为簇桥古镇建成最早的佛教庙宇之一。簇桥古镇兴建于秦、汉时期，历史悠久，人口昌盛，佛教是这里的主要信仰。古镇曾有佛教庙宇10余座，其中木鱼庙就位于原簇桥上场口栅门外，现木鱼庙街附近。

木鱼庙始建于唐代，清乾隆二十四年（1759年）、嘉庆十四年（1809年）两次重修，供奉木鱼。木鱼是佛教法器，有二种，一为团圆之鱼形，读诵叩之；一为挺直之

木鱼庙街

木鱼庙街39号院

鱼形，吊于库堂前，粥饭时击之，禅家呼曰梆。《敕修清规·法器章》"木鱼条"曰："相传云，鱼昼夜常醒，刻木象形击之，所以警昏惰也。"五代王定保所撰《唐摭言》曰："有一白衣问天竺长老云：'僧舍皆悬木鱼，何也？'答曰：'用警众。'白衣曰：'必刻鱼何因？'长老不能答，以问悟卞师。师曰：'鱼昼夜未尝合目，亦欲修行者昼夜忘寐，以至予道。'"可见寺庙供奉木鱼是为了警示修行者应当如鱼一般，昼夜不停修行。民国前，木鱼庙门外左侧设簇桥上场口栅门，上挂横匾书刻"鹫岭初程"4个大字（鹫岭即佛祖圣地天竺灵鹫峰，初程即行程起点）。传说唐僧取经路过此地，修建此庙以留传后世。

木鱼庙山门外有一座万年台，是古时庙会、春节和节日唱大戏的舞台，又称作戏台。万年台为木质结构，两层小青瓦古亭楼式建筑，楼上3开间，中间宽大为戏台，两边窄小为耳房，为演员换装、准备以及配乐人员工作场所。楼板用木板铺造，楼下柱与楼上柱连通，正面无墙为敞房，上楼设楼梯，梯口设门，平时锁门，以保楼上房、物不受损坏。楼下容纳无家可归的人和乞丐居住，又称"万家公馆"。唱戏时由会首筹支经费，观众站在木鱼庙坝内观看，实行免费，所以每到演戏时节人山人海，非常热闹。簇桥地区缫丝工匠成立的"三皇会"时常请川戏班子在簇桥木鱼庙的万年台上唱戏，会期多为1天，分早、中、晚3场，有全本亦有折子。木鱼庙还经常举办旧时一种曲艺——讲圣喻（旧时四川曲艺的一种，由评书衍生而来），但说的大多是颂扬清官、忠臣、孝子、豪杰、义士、烈女、节妇，还有因果报应、伦理道德条文（也称"格言"，又称说"善书"）。听圣喻的人多为贫苦百姓，而且妇女居多，时间都在晚上，每次讲一个故事，内容单一。表演者没有伴奏，但有说有唱，有哭有笑，生动感人，说到伤心之处，听众多有流泪。

簇桥场镇比较有特色的杜鸭子、戴鸭子、何豆粉儿、黄凉粉、鲁糍粑、曾记甜水面、张锅盔等名小吃，会在赶场日和节日常在木鱼庙坝周围摆摊叫卖，人们买上小吃，在万年台看一场灯影戏或者木偶剧，其乐无穷。万年台在成都解放后被拆除。

民国时期，华阳县在木鱼庙设立华兴乡中心国民学校。成都解放后，在这里继续开设公办完小、农中、街民小。1968年，簇桥公社将街民小并入簇桥小学，场地划归公社修缮队作为货场和办公地，古庙房屋被拆除。2019年6月，簇桥街道龙井社区在木鱼庙街13号建成一座村史馆——龙井记忆文化馆，内设有复刻微园林景观、簇桥版清明上河图、3D田园壁画、簇桥八锦浮雕、龙井二泉传说、丝绸之路体验处、旧物展示、龙井历史大事记等，是簇桥人追忆往昔的最佳去处。

龙井东街

龙井东街起于福锦路二段，止于聚龙路，长1098米，宽9米。1998年命名。

"龙井"之名源于龙井社区（原龙井村）内曾经有两口相距20多米的水井，常年井水满盈，且井底泉水相通，一井投石，另一井也冒水

龙井记忆文化馆（刘佳　摄）

泡，犹如龙的双眼，于是人们便称二井为"龙井"。与"龙井"相关的龙井西街、龙井南街、龙井北街、龙井中街皆由此得名。

簇桥美食文化馆（刘佳　摄）

现龙井社区建设有一座川西民居风格的龙井记忆文化馆，该馆共分三层，室内外展陈面积约1000平方米。一楼展厅主要分为"追本溯源""集体经济""大事记"展区，讲述簇桥历史与发展进程以及龙井村经济发展情况。二楼展厅主要由4个主题构成，集中展示龙井社区的历史文化和民间记忆。展厅中央有古代龙井社区的地理图以及簇桥版"清明上河图"、丝文化、茶马古道文化、簇桥八锦、簇桥古镇图等内容展示。三楼为社区居民交流与欢聚的空间。在文化馆开放式平台上，可以俯瞰龙井记忆文化馆别有特色的园林景观。龙井记忆文化馆打造了具有川西林盘特色的院落空间，对龙井"二泉""牛儿桥"等历史风物进行复原性的展示。

其他街巷

　　簇桥街道除簇桥中街、望锦西街、木鱼庙街等特色街巷外，还有凤鸣路、文锦路、双拥街等49条其他街巷，这些街巷有的因产业园区命名，如智谷大道武科西四路段；有的以东南西北方位命名，如望锦东街；有的以一二三四五的数字顺序命名，如金履一路、金凤一路。其基本信息列表如下。

表10　簇桥街道其他街巷基本情况

序号	街巷名称	起点	终点	长度（米）	宽度（米）	命名年份	主要单位或代表建筑
1	智谷大道武科西四路段	金瓦路	武青南路	1139	30	2015	西部智谷A区安全科技大厦
2	智谷大道金瓦路段	智远大道	草金路中段	800	14	2015	
3	草金路南段	武兴路	成双大道中段	1451	15	2006	
4	金履一路	智兴二路	武侯大道铁佛段	965	18	2010	
5	金履二路	草金路南段	武侯大道铁佛段	1373	13	2010	
6	金履三路	智兴二路	武侯大道铁佛段	1066	9	2010	成都市龙江路小学新城分校
7	金履四路	智远大道	武侯大道铁佛段	622	13	2010	锦城社区居委会、成都市第二十三幼
8	七里路	成双大道中段	武侯大道铁佛段	1763	13	2013	光明学校、成都石室佳兴外国语学校

续表

序号	街巷名称	起点	终点	长度（米）	宽度（米）	命名年份	主要单位或代表建筑
9	草金路中段	草金路	武兴路	2429	15	2006	双凤社区居委会
10	福锦路二段	百锦路	簇桥中街	956	20	2003	簇桥街道办事处、簇锦公园
11	凤鸣路	草金路中段	金兴中路	624	7	2010	双凤社区卫生服务站
12	双凤一路	草金路南段	断头路	342	9	2010	
13	双凤二路	金凤街	草金路南段	240	9	2010	
14	双凤三路	智远大道	金花桥路	1257	14	2010	
15	双凤四路	金江路	草金路南段	682	13	2010	
16	双凤五路	金江路	草金路南段	680	9	2010	
17	金兴南路	七里路	双楠大道武兴路段	1100	24.5	2010	
18	文锦路	断头路	簇桥上街	215	9	2014	
19	水巷子	簇桥中街	簇桥后街	160	3	—	
20	智星一路	断头路	金履二路	160	3	2010	
21	智星二路	七里路	成双大道中段	659	17	2010	
22	翻身巷	簇桥下街	成双大道中段	130	10	—	
23	文锦街	簇锦横街	龙井中街	243	7	2003	
24	龙桥一街	金履四路	金履三路	200	6	2010	
25	玉锦路	簇锦北路	龙井北街	230	7	2012	
26	百锦路	武侯大道铁佛段	福锦路二段	552	32	2007	
27	智达二路	七里路	成双大道中段	1336	18	2010	

续表

序号	街巷名称	起点	终点	长度（米）	宽度（米）	命名年份	主要单位或代表建筑
28	簇新一路	武侯大道铁佛段	簇锦北路	154	5	2012	
29	簇新二路	武侯大道铁佛段	簇新三路	158	5	2012	
30	簇新三路	簇新二路	簇锦横街	78	5	2012	
31	簇桥下街	成双大道中段	簇锦南路	566	9	2003	
32	簇锦南路	龙井中街	簇桥后街	584	12	1998	成都市簇桥小学、簇桥中心幼儿园
33	簇锦北路	百锦路	簇锦南路	600	32	1998	
34	双拥街	福锦路二段	簇桥中街	400	12	2003	
35	凤翔街	金兴中路	草金路中段	400	9	—	
36	望锦东街	望锦中街	簇桥下街	600	17	2003	金太阳幼儿园
37	望锦中街	武侯大道铁佛段	成双大道中段	600	21	2003	
38	龙井西街	龙井中街	武侯大道铁佛段	500	19	1998	龙井社区居委会
39	龙井北街	百锦路	龙井中街	550	16	1998	
40	龙井南街	龙井中街	簇桥后街	555	23	1998	
41	龙井中街	龙井东街	龙井西街	600	19	1998	成都市武侯区第三人民医院
42	簇桥中街	文盛路	簇锦南路	569	22	2003	
43	望锦横街	武侯大道铁佛段	簇锦南路	650	17	2003	
44	金花桥路	双凤五路	金竹路	200	10	2010	

续表

序号	街巷名称	起点	终点	长度（米）	宽度（米）	命名年份	主要单位或代表建筑
45	簇锦横街	福锦路二段	武侯大道铁佛段	900	17	2003	
46	金兴中路	双楠大道武兴路口	金瓦路	1000	23	2010	
47	武科西二路	断头路	武青南路	997	21	2007	
48	武科西三路	武兴五路	武青南路	842	9	2007	
49	武科西五路	武兴五路	武青南路	933	9	2007	

金花桥街道

　　金花桥街道史称"藏卫要冲，休憩之所"，东与机投桥街道、簇桥街道、华兴街道相连，南与双流航空港接壤，西与双流区东升街道、九江街道隔江安河相望，北与青羊区苏坡街道毗邻，辖区面积16.63平方千米。

　　金花桥古场镇，早在西汉年间已存在，原属双流县管辖。1982

位于金花桥辖区的永康森林公园

年，金花乡政府成立。1992年，金花乡改为金花镇。1996年，原双流县通江乡的5个村、1个居委会合并到金花镇，并划归武侯区管辖。1999年，成立金花桥街道办事处。2004年，撤销镇建制，实行单一的街道管理体制。2010年1月，机投桥街道的九架车村、花龙门村，簇桥街道的马家河村、凉水井村、新苗村，华兴街道的文昌村，划归金花桥街道管辖；金花桥街道的七里村、瓦房村、双凤村划归簇桥街道管辖；金花桥街道的白佛村划归机投桥街道管辖。

2020年末，金花桥街道辖花龙门、永康、陆坝、江安河、金花、凉井、马家河、文昌等8个社区。江安河绕辖区约13千米，域内道路纵横，有成双大道、草金路、武侯大道、簇马路、金江路、金兴北路等40余条道路，3号、9号、10号、17号线等地铁线路以及57路、10路等20余条公交线路穿越辖区，形成四通八达的交通网络。

特色街巷

金花街

金花街

金花街起于映月街，止于成双大道中段，长425米，宽9米。得名于金花桥及金花桥古场镇，与金花相关的街道还有金花横街。

金花桥建于明代，横跨江安河，为九孔石桥，又称"九洞桥""牛饮桥"，是南方丝绸之路和茶马古道上的一座重要桥梁。清乾隆三年（1738年），知县黄锷重修，为红砂石基面。桥侧刻有两尺高的两头牛作为水文标志。乾隆五十八年（1793年），知县张仲芳又重修。同治十二年（1873年）秋，桥被大水冲毁，当地人杨同荣募捐重修。

据《双流县志》记载："金花此地，自古为藏卫要冲，休憩之所。桥下深潭，清澈如镜，时有映月散彩，故又称之为'金花映月'，为一胜景。"金花桥下有金花堰，是牧马山灌渠的进水口。关闸时，千米长、百米宽的水面一平如镜。若逢秋高气爽，明月朗照之夜，但见粼粼波光，映月溢彩，静影沉璧，衬托两岸万家灯火，让夜景更加美丽恬静。清代双流县（今双流区）的刘沅、刘濖两兄弟曾写过"金花夜月"的诗篇。

刘沅《金花桥》云：

一轮月彩散黄金，锦簇花团异样深。

千载披沙求不得，渊渊谁悟水泉心。

1955年，川藏公路改造，在桥下游200米处另建公路桥，原桥仅供行人通行，1985年改为钢筋水泥桥。2017年10月，位于江安河畔、金花古桥头，成都市为传承天府文化而打造的水韵天府文化旅游街区开街，古老的天府水文化及其理念在这里得到传承和创新。

映月街

水韵天府文化旅游街区

映月街，起于金江路南端，止于成双大道中段，长615米，宽9米。1999年建成并命名。水韵天府文化旅游街区、金花桥（又名"九洞桥"）位于此街。

映月街，得名于古时双流胜景之一"金花映月"。清澈见底的河水中倒映着明亮的圆月，微风拂过，河水荡漾，顷刻间河面波光粼粼，潋滟绚丽，这是古时双流县金花桥附近的江安河景色。有诗赞曰：

毵毵堤柳拂吟鞭，舍利珠光证凤缘；

镜里分明毛发现，长虹卧影月当天。

江安滨河南路

江安滨河南路起于临江阁，止于少管所跨河桥，长2500米，宽6米。建成于2002年，2007年命名，因江安河而得名。

江安河，相传为三国蜀汉时所开，古有新开河、阿斗河之称，宋元时又称酸枣河、马坝渠，原属都江堰外江水系。据清申元敬《都江堰河道水利记》记载："再下新开河，又分为江安堰。入温江长安桥，至簇桥、金

江安河城市生态休闲公园

江安河边玉兰花开

花桥、双流县，合新津三渡水。"陈一津《蜀水考·分疏》也记载：外江"又东南至布袋口，分支为江安堰，入温江，又名新开河，古名望川源，后汉时穿。'新开'之称，当从此始"。1957年，江安河改为与走马河并列引水，从此成为内江水系四大河渠中最南的一支。江安河起于走江闸，东南流经土桥镇至三邑桥，沿都江堰市与温江区

界、郫都区与温江区界行进，至寿安镇入温江区境；东南流经万春、柳城、涌泉等镇后，沿双流区与青羊区、双流区与武侯区边界行进，流经武侯区金花桥街道、双流区文星街道，至华阳街道二江寺桥汇入锦江。江安河自走江闸至二江寺桥总长约96千米。

与江安河相关的街巷还有江安滨河北路。

鞋都南一路

鞋都南一路起于成双大道中段，止于鞋都南路，长205米，宽12米，2006年命名，因中国女鞋之都在此路段而命名。

2002年7月，武侯区启动"中国女鞋之都"建设。2006年，中国轻工业联合会、中国皮革工业协会授予成都市武侯区"中国女鞋之都"品牌，标志着成都鞋业开始走向国际化、自主品牌化、贸易化的发展道路，也是四川省获得的中国鞋业界首个"国"字品牌称号。

按照中央和四川省统筹城乡经济社会发展的思路，以及成都市以"三个集中""三大工程"为核心的统筹城乡发展战略和鞋业产业"一都两园"的发展模式，武侯区积极打造贸易中心、品牌展示中心、研发设计中心、人才培训中心、信息及中介服务中心和一个知名品牌企业生产基地的"五中心一基地"，逐步形成产业配套齐备、功能齐全、与国际接轨的产业平台，培育鞋业产业"脑中心"，推动鞋业产业的整体发展。康奈、红蜻蜓、百丽、意尔康等一批国内知名企业纷纷在武侯区、金堂县、崇州市等地设立生产基地。2006年3月，鞋都工业园被四川省授予"优秀工业园"称号；4月，被省政府认定为省级开发区。2009年3月，成都鞋业组团赴俄罗斯参加莫斯科鞋展，成都鞋业首次以"中国女鞋之都"的整体形象亮相国际市场，"品牌作战，抱团取暖"，成都鞋业在政府的积极引导下走上以区域品牌集群优势推进跨越的止滑提速之路；10月，位于女鞋之都的武侯直销鞋城正式营业，200多个品牌的上万款武侯鞋以优质优价的方式，在成都掀起一场购鞋风暴。

2010年9月，第五届中国女鞋之都国际采纳节举办"阿里巴巴电子

中国女鞋之都展示中心

商务专题研讨会"，中国女鞋之都与鞋业信息网、阿里巴巴等网站合作搭建"中国女鞋之都"电子商务平台。2012年9月，在第七届中国女鞋之都博览会上，西部鞋都公司等10家鞋革品牌企业与京东商城、建设银行电商平台成立中国女鞋之都电子商务发展联盟，将成都造女鞋正式搬上了电子商务平台；"西部设计中心"正式投入使用，以"四川省成都市武侯区女鞋基地"为名成功申报国家第二批"国家外贸转型升级专业型示范基地"，并获得授牌。2016年，武侯区与阿里巴巴集团、成都星购途信息技术有限公司合作搭建中国女鞋之都跨境电商示范基地和购途电商孵化基地，推动中国女鞋之都鞋业电商向标准化、规模化、高端化方向发展。2017年10月，蜀履文化体验中心正式开馆，"女鞋之都风尚购物节"同时启动，鞋文化在中国女鞋之都得到广泛传播和深入发展。

其他街巷

金花桥街道除金花街、映月街、江安滨河南路、鞋都南一路等特色街巷外，还有金川路、新苗街、新安大道等41条街巷，这些街巷大都是2000年后兴建，更有2019年所建，如花龙门一街、九龙一路，他们成为丝路古镇历史文化底蕴的承载，又印上了武侯区繁荣发展的足迹，他们也是成都城市发展、武侯区域发展的见证。其基本信息列表如下。

表11　金花桥街道其他街巷基本情况

序号	街巷名称	起点	终点	长度（米）	宽度（米）	命名年份	主要单位或代表建筑
1	草金路北段	永康路	智通一路	645	18	2006	
2	金川路	断头路	永康路	3513	7	2005	
3	簇马路一段	武侯大道文昌段	四环路西段	765	7	2003	
4	簇马路三段	江安滨河北路	簇马路二段	908	14	2003	成都市青少年管教所
5	金凤街	武兴路	七里路	1165	13	1999	
6	金江北街	江安路	金顺街	618	6	2005	
7	金江南街	江安路	断头路	611	7	2005	
8	新安大道	武侯大道文昌段	成双大道北段	1010	25	2005	
9	金川北路	永康路A线	永康路	1601	6	2005	

续表

序号	街巷名称	起点	终点	长度（米）	宽度（米）	命名年份	主要单位或代表建筑
10	金兴北路	永康路	金瓦路	1767	16	2010	
11	金兴南路	七里路	双楠大道武兴路段	1200	17	2010	
12	金兴中路	成双大道中段	金花示范街	315	12	2006	
13	鞋都南路	鞋都南二路	簇马路一段	694	9	2006	
14	鞋都南二路	成双大道中段	金花示范街	315	12	2006	
15	鞋都南三路	成双大道中段	金花示范街	261	12	2006	
16	鞋都南四路	成双大道中段	断头路	204	12	2006	
17	金江路	映月街	江安河	1629	7	1998	
18	映月西街	映月颐园小区	金江路	230	7	1998	
19	江安滨河北路	成双大道中段	江安滨河南路	2434	9	2007	
20	新苗街	新苗西街	新苗东街	287	7	2003	
21	金花横街	金花街	金凤街	304	9	2005	
22	金航路	成双大道中段	凉港二路	1946	14	2003	
23	金航街	金航路	吕氏鞋材	480	8	2005	
24	万寿一路	万手二路	万寿西路	165	13	2010	
25	万寿二路	武青北路	万寿一路	427	13	2010	
26	万寿三路	培凤东路	万寿西路	584	9	2010	
27	智通一路	草金路北段	金兴北路	448	23	2012	
28	智通二路	草金路北段	智远大道	100	20	2012	

续表

序号	街巷名称	起点	终点	长度（米）	宽度（米）	命名年份	主要单位或代表建筑
29	智通三路	智远大道	江安河	1460	30	2012	
30	新智一路	簇马路一段	新苗东街	486	6	2010	
31	新智二路	新苗西街	新苗东街	242	6	2010	
32	文昌路	成双大道中段	武侯大道文昌段	1500	14	2003	
33	金顺街	江安路	金江北街	337	6	2005	
34	新苗西街	成双大道中段	新智二路	400	15	2003	武侯实验中学附属小学
35	新苗东街	成双大道中段	断头路	994	10	2003	
36	王何大道	花龙二路	断头路	898	6	1997	
37	川九路	金川路	机九路	1271	4	1997	
38	光华8线	断头路	断头路	970	28	1912	
39	机九路	断头路	草金南路	2467	7	1995	九龙庙
40	花龙门一街	西街货运大道	九龙一路	350	10	2019	
41	九龙一路	光华8线	花龙门一街	260	10	2019	

城市主干道

科华南路（徐仁成　摄）

自1990年9月，武侯区成立起，区委区政府高度重视城市交通建设，将道路交通视为推动经济社会发展的主动脉。三十年来，武侯人编织了一张四通八达的交通网，实现了经济社会飞速发展，公园城市城区的营商环境和生活品质也大大提升。2020年末，武侯区内主要有科华北路、科华中路、人民南路、成双大道、武侯大道、草金路等城市主干道。

科华北路·科华中路

科华北路

二环路人南立交桥

科华北路，起于一环路南一段与南二段交会处，止于二环路，南北走向，长1034米，宽25米。

"科华"取道路起点"科技一条街"的"科"字和延伸终点天府新区华阳街道的"华"字组合而成。二字寄寓了"成都科学技术之精华"的美好含义。

科华中路由科华北路派生得名，北起二环路南一段与南二段交会口，南止长寿路口。长1100米，宽25米。

人民南路

2005年，成都市、武侯区两级政府投入专项资金1200万元，对人民南路武侯段进行改造，加铺改性沥青混凝土，打造成最具代表性的景观大道。

人民南路南延线上的天府立交桥于1999年7月开工建设，2002年1月建成通车。天府立交桥东延至沙河堡方向，南跨三环路直通华阳，西接机场高速，北接人民南路四段，将人民南路南延线、三环路、机场高速路连为一体，是成都市的标志性建筑，获2003年度中国建筑工程鲁班奖。

成双大道

1954年建成的川藏公路，东起成都，西至拉萨，全长2500千米。1999年10月23日，武侯区启动老川藏公路高升桥至金花段的全线改扩建工程。老川藏公路武侯段全长9.8千米，总投资4.2亿元，采取市场化机制，引入企业投资参与建设，双向6车道；同步实施道路、桥涵洞、排水、绿化、路灯、天然气、电力、通信等设施升级。2000年9月29日，川藏公路A段（一环路高升桥路口至二环路红牌楼路口）正式通车，该路段

成双大道

位于成双大道的
太平园西部家居装饰材料贸易中心

在全市率先设置残疾人无障碍通道。2003年10月31日，改扩建工程全线竣工。2004年10月，市政府批准将川藏公路更名为成双大道，其中北起西三环一段与南三环五段交会口，南至文昌路与簇桥后街交会口路段，命名为成双大道北段；北起文昌路与簇桥后街交会口，南至金

花桥路段，命名为成双大道中段；北起金花桥，南至双流县东升镇藏卫路北段路段命名为成双大道南段。

武侯大道

1991年，武侯区财政收入仅6500余万元，但准备超前规划修筑一条连通全区四个乡镇的道路。经研究，区委、区政府最终确定修筑40米宽、红线控制50米、主车道双向6车道、非机动车道2车道、总长20千米的二级公路，命名为"武侯大道"，总投资达7000万元。

1992年9月18日，在市委市政府的大力支持下，武侯区迈出修路的步伐，顺利完成拆迁工作后，武侯大道全线开工建设。在区委区政府倡议下，全区机关干部职工利用节假日到工地义务劳动，辖区企业也纷纷捐款资助"武侯第一路"的修建。1995年12月，总长超过20千米的水泥混凝土道路修建完成。这条连通全区所有乡镇的道路在全区干部群众的共同努力下，不到三年就完工并通车。伴随着武侯大道的修建，大大小小的企业陆续落户沿线，全线贯通时，共有51家三资企业落户，总投资近5亿元，区域价值进一步提升，促进了片区经济的繁荣发展。1997年4月，武侯区投资3100万元启动起于武侯大道万龙路口、止于草金公路金花段的武侯大道南延线（新川藏路）的建设。2001年3月，武侯区投资2600万元，对武侯大道双楠路口至西区大道路口3.61千米路段进行改扩建。改造后的道路宽50米，双向8车道，采用双层丁苯橡胶沥青混凝土路面；2002年3月7日，武侯大道改扩建工程竣工。2006年9月28日，武侯

武侯大道

大道南延线与双流区双楠大道相接的接待寺立交桥正式通车。2008年10月，武侯区再次启动武侯大道二环路双楠路口到武青路口的改造工程，全线重新铺设沥青，3米宽的绿化带移动至道路中间，机动车道由6车道变为双向8车道；道路两边还设有非机动车道和人行道，实现机动车、非机动车和行人的分道同行。武侯大道成为成都西南片区一条重要的出入城主干通道。

草金路

　　草金路，路名取起点附近草堂的"草"和终点金花桥的"金"合并而成，原称草金公路，后分别改造为晋阳路、永康路、草金路北段、草金路中段、草金路南段组合而成，全长约9千米。晋阳路，起于中环路，止于三环路草金立交桥东侧，全长约2000米、宽30米。永康路起于三环路草金立交桥西侧，止于成新蒲大道江安河桥东端，全长约2700米，宽40米。草金路北段，起于永康森林公园入口，止于智通一路、草金街交会处，全长约560米，宽16米。草金路中段，起于智通一路、草金街交会处，止于武兴路，全

草金路中段

三环路草金立交

长约2400米，宽16米。草金路南段，起于武兴路，止于成双大道，全长约1500米，宽16米。

一环路

一环路南四段

成都城市音乐厅

　　2002~2004年，一环路实施改造，原有双向4车道改造为6车道，水泥路改造为沥青路面。2004年底，一环路武侯段新建和改建磨子桥、衣冠庙两座跨线立交桥，缓解该路段车辆堵塞状况。2010年12月3日，一环路高升桥跨线桥正式动工建设，2011年3月28日完工。一环路高升桥跨线桥的建成，极大提升武侯区内一环路的通行能力，缓解了高升桥片区交通压力，为片区的进一步发展提供坚实的基础保障。2014年12月31日，一环路跳伞塔下穿隧道正式通车。2019年4月3日，一环路磨子桥下穿隧道正式通车，隧道内含通向成都城市音乐厅的匝道，极大方便了区域交通。

二环路

2004年，二环路武侯段启动改造；2005年，完成并全线通车。水泥路面改造为沥青路面，增设公交专用道，形成双向8车道道路。同时相继建成二环路双楠路口上跨区、红牌楼上跨区、科华北路口上跨区和九三公路下穿隧道，形成市区环城和过境交通的动脉。

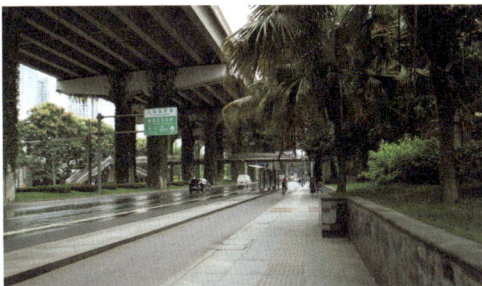

二环路

2012年3月15日，为进一步缓解城市交通拥堵，成都市启动二环路"双快"工程建设，二环路全线实施高架桥建设；2013年5月28日，二环高架路全线正式通车。

中环路

2004年，武侯区启动武阳大道建设，2006年竣工通车。2009年1月4日，武阳大道红牌楼商圈段主干道竣工通车，该道路东接高新区神仙树，西连武侯大道，全线长2000余米，宽40米。

2015年1月，中环路、武侯大道立交桥和中环路、龙腾西路立交桥开工建设，分别于2016年9月14

中环路武阳大道段

日和2016年2月29日竣工。2座立交桥的建成通车，极大缓解了区域交通拥堵。

三环路

1998年10月1日，成都市三环路建设指挥部在武侯区机投镇果堰村举行武侯区三环路动工典礼；2002年10月28日，三环路全线建成通车。三环路武侯段分别建有川藏立交、武侯立交、草金立交、武青立交4座互通式和分离式立交桥，串通起川藏公路、武侯大道、草金公路等出入城干道，为成都西南方向重要的交通大动脉。

2015年6月，横穿西三环的快速通道——武侯新城快速通道开工建设；2016年4月1日，主车道正式通车，结束了武侯新城片区依赖老川藏路、武侯大道和草金路三条主干道进出城的历史。武侯新城快速通道的起点为晋吉北路与晋吉西三街交叉口，沿晋吉西三街穿越铁路西环线后沿果盛路至三环路，上跨三环路后到达武科东四路与武兴二路

三环路

交叉口，全长1.8千米。

2015年6月，万兴路快速通道开工建设；2016年4月1日，主车道正式通车。万兴路快速通道起于中环路，利用大悦城下穿隧道穿越铁路西环线，再上跨三环路后，通过万兴路，止于武侯大道，全长2.2千米。快速通道将武侯新城、红牌楼商圈与双楠商圈连点成片，激发区域经济活力，加快区域发展。

武青路

1996年，原属双流县的金花镇、机投镇划归武侯区管辖。武侯区委区政府意识到，该区域地理位置偏僻，仅有草金公路与城区相连，急需开辟新的通道，以促进区域经济发展、方便群众生产生活。于是，规划建设一条北接青羊区苏坡乡、穿草金公路，直达簇桥乡的道路列入区政府重要工作日程。道路规划全长4.6千米，双向4车道，起初命名为西区大道。1997年6月28日，西区大道南段建成通车；1998年12月31日，西区大道北段工程竣工；建成后的道路被命名为武青路。1999年，武侯区投资371.5万元，对武青路进行拓宽改造。2001年8月，武侯区再次投入7000万元对武青路扩建改造为双向6车道，成为城市主干线，并冠名"双星大道"。

2019年，武侯区启动武青南路附近"9号线大街—西部电商云谷"特色街区打造。12月18日，举办"'9号线大街—西部电商云谷'开街仪式暨2019成都武侯电子商务大会"，

武青路

宣传推广武侯区建设"中国电商新高地·国际生态智慧城"的规划、方法、政策和资源,力争把"9号线大街"打造成为武侯电商产业功能区的核心区和首开区。

智远大道

2017年6月,智远大道建成通车,起于武兴路,止于成双大道中段,全长2200米,宽25米,是位于三环路和四环路之间的重要城市交通干道。

参考文献

1. 〔清〕陈登龙. 蜀水考［M］. 巴蜀书社, 1985.

2. 四川省水利电力厅编. 四川历代水利名著汇释［M］. 四川科学技术出版社, 1989.

3. 四川省地方志编纂委员会编. 四川省志·军事志［M］. 四川人民出版社, 1999.

4. 四川省社会科学院, 成都城市河流研究会编. 成都河流故事·流淌的江河博物馆［M］. 四川人民出版社, 2018—06.

5. 成都市地方志编纂委员会编. 成都市志·军事志［M］. 四川大学出版社, 1997.

6. 成都市地方志编纂委员会办公室, 成都市青羊区地方志编纂委员会办公室编. 成都地名掌故［M］. 成都时代出版社, 2006.

7. 成都市武侯区交通局编. 成都市武侯区交通局志［M］. 中央文献出版社, 2007—12.

8. 成都市武侯区地方志编纂委员会编. 成都市武侯区志（1990—2005）［M］. 方志出版社, 2011.

9. 成都市武侯区地方志编纂委员会办公室编. 武侯区民俗志［M］. 中国文史出版社, 2013.

10. 成都市武侯区地方志编纂委员会办公室编. 天府文芯·武侯寻踪［M］. 光明日报出版社, 2017—12.

11. 《浆洗街街道志》编纂委员会编. 浆洗街街道志［M］. 贵州人民出版社, 2019—12.

12. 机投镇志编纂委员会编. 机投镇志［M］. 四川人民出版社, 1999.

13. 吴世先. 成都城区街名通览［M］. 成都出版社, 1992.

14. 彭领昌. 簇桥志［M］. 成都时代出版社, 2006.

15. 彭宗卫. 成都万婴之母［M］. 中国戏剧出版社, 2012.

16. 袁庭栋. 成都街巷志·上［M］. 四川文艺出版社, 2016.

17. 陈益文. 成都浆洗街今昔观［J］. 西部皮革, 1989（3）.

18. 林集友. 成都外南成汉墓主试探［J］. 四川文物, 1989（6）.

19. 继堪. 培根火柴厂尹仲钖先生轶事［J］. 火柴工业, 1997（1）.

20. 朱章义等. 成都市南郊十街坊遗址年度发掘纪要［J］. 成都考古发现, 1999.

21. 江玉祥. 读张问陶《南台寺饮酒图》［J］. 四川文物, 2003（6）.

22. 张君, 朱章义. 成都市十街坊遗址新石器时代晚期人骨的观察［J］. 考古, 2006（7）.

23. 林移刚. 清代四川坛神信仰源流考［J］. 四川师范大学学报（社会科学版）, 2015（4）.

24. 谢辉, 梅铮铮. 成都武侯祠的历史沿革与保护发展［J］. 中国文化遗产, 2016（6）.

25. 李龙. 成都地区空军抗战史述论（1939—1943）［J］. 日本侵华史研究, 2017（3）.

26. 王侃. 巴蜀坛神新探［J］. 宜春学院学报, 2017（4）.

27. 唐学锋. 蓉城上空的第一次空战［J］. 红岩春秋, 2017（9）.

28. 唐学锋. 扬威成都上空的一支特殊队伍［J］. 红岩春秋, 2019（12）.

29. 张杰. 传承与嬗变：近代成都城市手工业研究（1891—1949）［J］. 华中师范大学博士学位论文, 2016.

30. 中共地下组织在桂溪寺创办桂溪中学［Z］. 成都党史官网: http://www. zgcdds. cn/detail. asp?id=7871, 2008—10—8.

后 记

为传承武侯街巷历史文化，武侯区地方志编纂委员会办公室通过查阅古籍、志书，实地走访武侯区大大小小的街巷，拜访成都民俗专家等方式，广泛收集资料，经编辑整理，最终形成《武侯街巷》一书。

编辑过程中，成都市地方志编纂委员会办公室给予了指导和帮助；武侯区住建交局及浆洗街、望江路等11个街道办事处给予了大力支持，提供了街巷图片等资料。在此，谨向他们致以诚挚的谢意。

由于水平有限，书中难免存在疏漏和差错，敬请广大读者谅解和指正。